Roots of the
RUSSIAN
Language

Roots of the RUSSIAN Language

George Z. Patrick, Ph.D.

Mc Graw Hill

New York Chicago San Francisco Lisbon London Madrid Mexico City
Milan New Delhi San Juan Seoul Singapore Sydney Toronto

The *McGraw·Hill* Companies

20 21 22 23 24 25 26 27 28 29 30   DSH/DSH   1 9 8 7 6 5 4 3 2 1 0

ISBN 978-0-07-184134-4

Library of Congress Cataloging-in-Publication Data

Patrick, George Z. (George Zinovei), 1886–1946.
      Roots of the Russian language / George Z. Patrick.
         p.   cm. (NTC Russian series)
      Includes index.
      ISBN 0-8442-4267-5
      1. Russian language—Word formation.   2. Russian language—Roots.

      PG2175 .P29   1989
      491.72   89-120456

FOREWORD

Based on the supposition that familiarity and practice with the component elements of Russian words will facilitate student comprehension and learning, *Roots of the Russian Language* includes four hundred and fifty of the most commonly used roots of the Russian language in a convenient, reference format. Mastery of these roots should enable students to form many more derivatives, increasing their Russian vocabularies, as well as enhancing their enjoyment and satisfaction in learning the Russian language.

Once students achieve an understanding and mastery of the basic Russian suffixes and prefixes, they will be able to recognize, identify, and decipher words into their component parts. With this skill established, they should also develop an ability to construct many words and terms from a given Russian root, facilitating both the translation of Russian literature and student conversation and composition.

The phrases that follow the derivatives and compounds in this book are designed to illustrate the proper use of the given word in a realistic sentence. In addition, "Exercises for Practice" is intended to furnish more extended practice in word-building. *Roots of the Russian Language* provides students with the opportunity to acquire a comprehensive knowledge of word-building and vocabulary enrichment in the Russian language.

CONTENTS

ROOTS OF THE RUSSIAN LANGUAGE

COMPONENT ELEMENTS OF RUSSIAN WORDS

The component elements of Russian words are:

1. ROOTS AND STEMS
2. INFLECTIONS
3. PREFIXES
4. SUFFIXES

ROOTS. The root of a word is that essential part of it which it possesses in common with a group of cognate words.

Thus, from the root да we get да-ть; да-ва́-ть; вы́-да-ча; за-да́-ча; про-да́-ть; рас-про-да́-жа; с-да́-ча; у-да́-ча and many other cognates.

STEMS. A stem is the form assumed by the root before an inflectional ending is added to it. Examples:

зна́мен-и
зна́мен-ем } знамен is the stem of the noun зна́мя, banner
знамён-а

твори́-шь
твори́-т } твори is the stem of the present tense of
твори́-м } твор-и́-ть, to create

Usually the root and the stem differ from each other. Thus, in the first of the two given examples the stem is знамен, while the root is зна; in the second, the stem is твори and the root is твор. There are words, however, in which the root and the stem are the same. For instance:

Нес-у́, I carry. Both root and stem = нес
вед-у́, I lead. Both root and stem = вед

INFLECTIONS. The inflections are the different endings which indicate gender, number, case, and person Examples:

сад, са́д-а, са́д-ы́

1

вод-а́, вод-ы́, во́д-ы
бе́л-ый, бе́л-ого, бе́л-ые
говор-и́, говор-и́-шь, говор-и́-те

PREFIXES, SUFFIXES. A prefix is a particle placed at the beginning of a root; a suffix is one placed at the end of it.

Prefixes alter the meanings of words, while suffixes alter their functions.

Thus there is a difference of meaning between да-ть (to give) and про-да́-ть (to sell); between за-да́-ча (problem) and с-да́-ча (change).

On the other hand, suffixes form nouns, adjectives, verbs, and adverbs, and hence change the function of a word, that is, they make it into one part of speech or another.

Thus the root чист becomes a noun in чист-от-а́, an adjective in чи́ст-ый, a verb in чист-и́ть, and an adverb in чи́ст-о.

Many words have more than one affix. Examples:

при-над-леж-а́-ть, to belong
ро́д-ств-ен-н-ик, relative

DERIVATIVES, COMPOUNDS

A word derived from one simple word is called a derivative whereas a word formed through the junction of two or more simple words is called a compound. Thus сад-о́в-н-ик (gardener) is a derivative, while сад-о-во́д-ство (horticulture) is a compound (from сад, garden, and вод-и́-ть to cultivate), as is also два-дцат-и-пят-и-ле́т-н-ий, twenty-five years old.

As a rule, compounds formed from two roots are joined by the so-called connective vowels о or е: пар-о-во́з (engine); птиц-е-во́д-ств-о́ (bird-rearing). In the example двадцатипяти-ле́тний the и after два́дцать and пять is not a connective but the sign of the genitive case. In some compound words, however, there is no connective vowel: Но́вгород (Но́вый го́род); Ленингра́д, etc.

Since the Russian Revolution of 1917 a number of compound words have been formed differently. These new compounds may be grouped as follows:

1. Words formed from two or more initial syllables:

нар-ко́м—наро́дный комисса́р;

ком-со-мо́л—Коммунисти́ческий сою́з молодёжи;

сов-хо́з—сове́тское хозя́йство

2. Compounds formed from an initial syllable of one word joined to another word:

стен-газе́та—стенна́я газе́та;

зав-шко́лой—заве́дующий шко́лой

3. Compounds formed from initial letters of two or more words:

рик—райо́нный исполни́тельный комите́т;

Тасс—телегра́фное а́гентство сове́тского сою́за

Often compounds are formed from an initial letter, or initial letters, of one or more words and an initial syllable of another:

ОГИЗ—об'едине́ние госуда́рственных изда́тельств;

Татцик—Тата́рский центра́льный исполни́тельный комите́т.

LIST OF THE MOST IMPORTANT SUFFIXES

A. *Noun Suffixes*

(Usually denoting occupation or agent)

-ак, -як	: рыб-а́к, fisherman; чуд-а́к, queer fellow; мор-я́к, seaman.
-ар, -яр	: па́х-ар-ь, ploughman; пе́к-ар-ь, baker; стол-я́р, carpenter.
-ач	: сил-а́ч, strong man; тк-ач, weaver.
-ец	: бо-е́ц, fighter; куп-е́ц, merchant; пе-в-е́ц, singer.
-ик	: муж-и́к, peasant; му́ч-ен-ик, martyr; уч-ен -ик, pupil.
-ок	: езд-о́к, rider; кус-о́к, piece; стрел-о́к, shooter.
-ост-ь, -ест-ь	: глу́п-ост-ь, stupidity; но́в-ост-ь, news; ску́п-ост-ь, stinginess; све́ж-ест-ь, freshness.
-ств, -еств	: вещ-еств-о́, substance; ис-ку́с-ств-о, art; род-ств-о́, relationship.

NOTE. The suffixes -ост, -ест, -ств, -еств, usually indicate abstract nouns.

-тел   : пис-а́-тел-ь, writer; стро-й-тел-ь, builder;
            уч-и́-тел-ь, teacher.

-чик   : ма́л-ь-чик, boy; пере-во́д-чик, translator;
            раз-но́с-чик, peddler.

-щик   : ден-щи́к, orderly; по-став-щи́к, purveyer;
            ям-щи́к, coachman.

Suffixes denoting diminutives, endearment

-ек   : ку-со́ч-ек (кусо́к), little piece; лист-о́ч-ек
            (листо́к), leaflet, little leaf.

-еньк   : ма́м-еньк-а, dear mamma; па́п-еньк-а, dear
            papa.

-оньк   : берёз-оньк-а, little birch tree.

-ец   : у-ро́д-ец, little monster; бра́т-ец, little
            brother.

-ик   : но́ж-ик, little knife; но́с-ик, small nose,
            сто́л-ик, small table.

NOTE. In such words as муж-и́к, уч-ен-и́к, the shade of the
       diminutive has been lost.

-иц   : лу́ж-иц-а, puddle, small pool.

-ка   : но́ж-ка, small foot; ру́ч-ка, small hand,
            penholder, handle.

-ок, -очек : го́лос, voice; голос-о́к, голос-о́чек

-ек, -ёчек : ого́н-ь, fire; огон-ёк, огон-ёчек

-ёнк ⎫   : изб-ёнк-а, wretched little hut; лошад-ёнк-а,
      ⎬   jade (often deprecatory)
-ишк ⎭   : дом-и́шк-о, little house; вор-и́шк-а, little
            thief.

-онок   : медвеж-о́нок, bear cub.

-ёнок   : гус-ёнок, gosling; жереб-ёнок, colt.

-очк, -ечк : цеп-о́чк-а, little chain; под-у́ш-ечк-а, small
            pillow.

-ышк   : со́лн-ышк-о, little sun; зёрн-ышк-о, small
            grain.

| -ушк | : дéд-ушк-а, (dear) grandfather; бáб-ушк-а, (dear) grandmother; корóв-ушк-а, dear little cow. |

Suffixes having an augmentative force

| -ин | : дет-и́н-а, big fellow; дуб-и́н-а, big cudgel. |
| -ищ | : дом-и́щ-е, huge house; руч-и́щ-а, large hand. |

The most important suffix having a collective meaning

| -ь | : бáб-ь-ё, womenfolk, females.
мужи́ч-ь-ё, rustics, peasants.
тряп-ь-ё, rags, tatters. |

Suffixes denoting nationality, religion, patronymics

-ак, -як	: пол-я́к, Pole; прусс-áк, Prussian; сиби́р-я́к, Siberian.
-анин }	: англич-áнин, Englishman; магомет-áнин, Mohammedan.
-янин }	: христи-ани́н, Christian; слав-яни́н, Slav.

NOTE. In the plural the -ин is dropped:

англич-áн-е, магомет-áн-е, христи-áн-е, слав-я́н-е

-ец	: америкáн-ец, American; нéм-ец, German; япóн-ец, Japanese.
-ович, -евич	: Петр-óвич, son of Peter Николá-евич, son of Nicholas
-овна, -евна	: Петр-óвна, daughter of Peter Николá-евна, daughter of Nicholas.

Suffixes indicating the feminine gender

-ачк, -ячк	: рыб-áчк-а, fishwife; чуд-áчк-а, queer woman; мор-я́чк-а, sailor (f.); сиби́р-я́чк-а, Siberian.
-их-а	: куп-ч-и́х-а(купéц); ткач-и́х-а; повар-и́х-а, cook.
-иц	: уч-ен-и́ц-а, пис-á-тел-ьн-иц-а; пере-вóд-ч-иц-а

-к	: америка́н-к-а; англича́н-к-а; христиа́н-к-а; сила́ч-к-а, strong woman.
-ух	: стар-у́х-а, old woman; молод-у́х-а, young woman; стряп-у́х-а, cook.

Suffix denoting place

ищ	: жил-и́щ-е, abode, dwelling place; кла́д б-ищ-е, cemetery; при-ста́-н-ищ-е, refuge, shelter.

B. *Adjective Suffixes*

-ат	: бог-а́т-ый, rich; крыл-а́т-ый, winged; син-ев-а́т-ый, bluish; бел-ов-а́т-ый, whitish.
-ен, -ьн	: бо́л-ен, бол-ьн-о́й, sick, ill
-ист	: золот-и́ст-ый, of golden color серебр-и́ст-ый, silvery.
-к	: гро́м-к-ий, loud; то́н-к-ий, thin; у́з-к-ий, narrow.
-л	: ки́с-л-ый, sour; спе́-л-ый, ripe; тёп-л-ый, warm.
н	: бе́д-н-ый, poor; дур-н-о́й, bad; му́т-н-ый, muddy.
-ов, ев	: берег-ов-о́й, coastal; ключ-ев-о́й, spring; пол-ев-о́й, field; ро́з-ов-ый, rose.
-овск, -евск	: отц-о́вск-ий, father's; поп-о́вск-ий, priest's; корол-е́вск-ий, king's; ки́-евск-ий, of Kiev.
-ск,-еск,-ьск	: ру́с-ск-ий, Russian; де́т-ск-ий, infantile, child's; юнош-еск-ий, adolescent, youthful; прия́тел-ьск-ий, friend's, friendly; учи́тель-ск-ий, teacher's.
-ян, -ан	: гли́н-ян-ый, clay; ко́ж-ан-ый, leather

Suffixes denoting diminutives

-еньк	: ма́л-еньк-ий, small; хоро́ш-еньк-ий, pretty, nice
-оньк	: лёг-оньк-ий, light; ти́х-оньк-ий, quiet

Suffixes that convey comparative and superlative degrees

-ее	: бо́л-ее, more; ме́н-ее, less; добр-е́е, kinder
-айш	: велич-а́йш-ий, the biggest, greatest; тонч-а́йш-ий, the thinnest
-ейш	: добр-е́йш-ий, the kindest; скор-е́йш-ий, the quickest
-ьш	: бо́л-ьш-ий, the bigger; наи-бо́л-ьш-ий, the biggest

C. *Verb Suffixes*

-а	: бр-а́-ть, to take; де́л-а-ть, to do; чит-а́-ть, to read
-ва	: да-ва́-ть, to give; от-кры-ва́-ть, to open; с-кры-ва́-ть, to conceal
-е	: ви́д-е-ть, to see; лет-е́-ть, to fly; смотр-е́-ть, to look
-и	: говор-и́-ть, to speak; люб-и́-ть, to love; прос-и́-ть, to beg
-ну	: гля(д)-ну́-ть, to look; дви́(г)-ну-ть, to move; мо́к-ну-ть, to soak
-ов, -ев	: пир-ов-а́ть, to feast; гор-ев-а́ть, to grieve
-у, -ю	: сове́т-у-ю, I advise; пир-у́-ет, he (or she) feasts; гор-ю́-ю, I grieve
-ыв, -ив	: о-пи́с-ыв-а-ть, to describe; раз-гова́р-ив-а-ть, to converse

D. *Participle Suffixes*

-ащ, -ящ	: (Suffixes of the present participle active)
-ущ, ющ	: держ-а́щ-ий, holding; люб-я́щ-ий, loving; вед-у́щ-ий, leading; чит-а́-ющ-ий, reading
-вш, -ш	: (Suffixes of the past participle active) чит-а́-вш-ий, having read; нёс-ш-ий, having carried
-ен, -н, -т	: (Suffixes of the past participle passive) у-нес-ён, carried away; про-чи́т-а-н, read; про-чи́т-а-нн-ый, read; мы́-т-ый, washed

м   : (Suffix of the present participle passive)
              люб-й-м, люб-й-м-ый, one who is loved

PREFIXES

These are either separable or inseparable. Prefixes which
are used as independent words are called separable; those
which have no independent existence are called inseparable.

Words formed with prefixes might be called "compounds";
in fact, they are often so designated for convenience. But the
name "Compound" is usually restricted to those words of
which the component parts are nouns, adjectives, or verbs;
whereas the name "Separable prefix" is for the most part
restricted to adverbs and prepositions.

LIST OF PREPOSITIONS USED AS PREFIXES

Only some of the important shades of meaning can be given
here. It must be remembered that most of the prepositions
are used merely to form a perfective from an imperfective verb;
also that in many cases the original meaning of a preposition,
when added to a word, is barely apparent, and in some cases
has even been completely lost.

1. *Separable Prefixes*

без(бес), without, less, dis-, ir-, un-: без-надёжный, hopeless; без-ногий, without legs; без-упречный, irreproachable;
бес-корыстный, disinterested; бес-покоить, to disturb.

When и follows it becomes ы: без-ынтересный, uninter-
esting; без-ызвестность, uncertainty.

Note. Before vowels and voiced consonants the prefixes
без, вз, воз, из, низ, раз, роз retain the з; but before unvoiced
consonants and с the з changes into с. Examples:

безбожник, atheist; безвыходный, hopeless; безграмотн-
ость, illiteracy; бездарный, ungifted; безнравственность,
immorality; бесконечно, endlessly; бесплатный, gratis;
бессвязный, incoherent; бестолковость, fatuity; бесфор-
менный, shapeless; бесхарактерный, soft, yielding.

в (во), in, into, to:
    в-ведение, introduction
    в-далеке, in the distance
    в-дребезги, in pieces, to pieces
    во-влекать, во-влечь, to draw in, to involve

до, till, to the end, pre-:
до-си́живать, to sit up till
до-ста́ивать, to remain standing to the end
до-революцио́нный, pre-revolutionary

за, beyond, behind, for:
за-гро́бный, beyond the grave
за-поздалый, belated, behind
за-чем? Why? What for?

In composition with verbs за often expresses the beginning
of an action:
заговори́ть, to start talking
заигра́ть, to begin to play
запе́ть, to start singing

из(ис), out of, from:
из-бира́ть, to elect, to choose
из-ве́дать, to try out, to find out
ис-хо́д, issue, outlet
ис-чеза́ть, to go out of sight, to disappear

между, inter (never used with verbs):
между-наро́дный, international
между-ца́рствие, interregnum

на, on, upon:
на-веща́ть, на-вести́ть, to visit, to call on (upon)
на-ходи́ть, на-й-ти́, to find, to come upon

(For other shades of meaning see Forbes, Russian Grammar,
p. 238).

над, over, super:
над-зе́мный, overground
над-стро́йка, superstructure

о, (об, обо), about, round:
о-гля́дываться, to look round (about)
об-води́ть, ⎫
об-вести́, ⎭ to lead round

When и follows it becomes ы:
об-ыгра́ть, to beat (at), to win

от, (ото), away, away from:

от-гоня́ть, } to drive away
ото-гна́ть,

от-ходи́ть, } to go away from
ото-й-ти́,

When и follows it becomes ы:

от-ыгра́ться, to win back (from)

по- Mostly used to make imperfective verbs perfective:
like, a little
проси́ть, по-проси́ть;
у́жинать, по-у́жинать, etc.
по-ба́рски, like a lord; поговори́ть, to have a chat

под(подо), under, underneath:

под-бро́сить, to throw under
под-во́дный, submarine
под-чёркивать, } to underline
под-черкну́ть,

When и follows it becomes ы:

под-ы́грывать, to accompany, to play (while someone is
singing)

пред (перед), before, fore, pre-:

пред-обе́денный, before dinner
пред-наме́ренный, premeditated
пред-реша́ть, to foreclose

при- In composition with verbs expresses the idea of motion
towards.
при-езжа́ть, } to arrive
при-е́хать,

при-носи́ть, } to bring
при-нести́,

про, through, past:

про-езжа́ть, } to pass, to drive through
про-е́хать,

про-лета́ть, } to fly past
про-лете́ть,

с (со), with, down, off:

    с-ближа́ть, с-бли́зить, to draw together, to make friends with
    с-бра́сывать, с-бро́сить, to throw down
    с-дира́ть, to strip off
    с-нима́ть, ⎫
    с-нять, ⎬ to take off

    When и follows it becomes ы:

        с-ыгра́ть, to play

у, away:

    у-езжа́ть, у-е́хать, to depart, to go away
    у-мира́ть, у-мере́ть, to die, to pass away
    у-та́скивать, у-тащи́ть, to drag away

2. *Inseparable Prefixes*

воз (вз), вос (вс), up:

    воз-двига́ть, to erect, to raise
    вз-дорожа́ть, to rise in price
    вос-то́к, the East
    вс-ходи́ть, to rise
    Со́лнце всхо́дит и захо́дит. The sun rises and sets.

вы, out:

    вы-води́ть, ⎫
    вы́-вести, ⎬ to lead out
    вы-ду́мывать, ⎫
    вы́-думать, ⎬ to invent, devise
    вы-пада́ть, ⎫
    вы́-пасть, ⎬ to fall out

    It will be observed that вы is accented in perfective compounds, but unaccented in imperfect compounds.

низ, нис, down:

    низ-води́ть, ⎫
    низ-вести́, ⎬ to bring down
    нис-проверга́ть, нис-прове́ргнуть, to overthrow
    нис-ходи́ть, to descend

пере, пре, over, across, afresh:

    пере-води́ть, to translate
    пере-да(ва́)ть, to transmit, hand over
    пере-езжа́ть, to cross, to come over
    пре-восходи́ть, to surpass
    пре-ступи́ть, to overstep, to transgress

рав, рас, dis-, di-. un-:

    рав-гибáть, to unbend
    рав-давáть, to distribute
    рав-делúть, to divide
    рас-пускáть,⎫
    рас-пустúть,⎬to dissolve, to dismiss
            ⎭

VARIATION OF VOWELS AND CONSONANTS

The most common changes that may occur in the stem of words of the same derivation are:

VOWELS

о may interchange with а			:	хóдит, похáживает
				нóсит, вынáшивает
е ,,	,,	,, о, и	:	наберý, набóр, набирáть
				зáпер, запóр, запирáть
и ,,	,,	,, ой	:	бить, бой; гнить, гной
ы ,,	,,	,, ов	:	рыть, ров; крыть, крóвля
,,	,,	,, ав	:	слыть, слáва
у ,,	,,	,, ы	:	слýшать, слы́шать
,,	,,	,, ов	:	кую́, ковáть
,,	,,	,, ев	:	жую́, жевáть

INSERTION OF VOWELS

-ра- often changes into -оро-:				град, гóрод
				храм, хорóмы
				прах, пóрох
-ла- ,,	,,	,,	-оло-:	главá, головá
				власть, вóлость
				хлад, хóлодно
-ре- ,,	,,	,,	-ере-:	брег, бéрег
				прéдок, передний
				дрéво, дéрево
-ле- ,,	,,	,,	-еле-(-оло-):	плёнка, пеленá
				млéко, молокó
				влекý, волокнó

CONSONANTS

г interchanges with	ж, з	:	друг, дру́жеский, друзья́
д	„	„	ж or жд	: буди́ть, бужу́, пробужде́ние
з	„	„	ж	: моро́зить, моро́женое; ре́зать, ре́жу
к	„	„	ч or ц	: река́, ре́чка, кула́к, кула́цкий
ц	„	„	ч	: столи́ца, столи́чный
х	„	„	ш	: смех, смеши́ть
с	„	„	ш	: носи́ть, ношу́
т	„	„	ч or щ	: свет, свеча́, освеще́ние
ст	„	„	щ	: ме́сто, помеще́ние
ск	„	„	щ	: иска́ть, ищу́
д, т before т change into с		:	веду́, вести́, мету́, мести́, па́дать, пасть

INSERTION OF CONSONANTS

If a root ends in б, п, в, or м, the letter л is usually inserted before ю, е and sometimes before я:

люби́ть, люблю́, влюблённый
терпе́ть, терплю́
лови́ть, ловлю́, ло́вля
корми́ть, кормлю́, кормле́ние
дрема́ть, дремлю́, дре́млешь, дремля́

DELETION OF CONSONANTS

д and т are deleted before л, м, and н: па́дать-пал (instead of па-д-л); веду́-вёл (instead of ве-д-л); плету́-плёл (instead of пле-т-л); дам (instead of да-д-м); гляде́ть-гляну́л (instead of гля-д-нул).

б and п are sometimes deleted before н; ги́бнуть, сги́нуть; спать-сон (instead of со-п-н), усну́ть (instead of ус-п-нуть).

в is often deleted after б: облека́ть (instead of об-в-лекать); о́блако (instead of об-в-лако); обя́зан (instead of об-в-язан); о́бласть (instead of об-в-ласть); обы́чай (instead of об-в-ычай), etc.

A

АЛК-, HUNGRY, GREEDY

алк-а́ть, to be hungry, greedy, thirsty, to long for
Они́ а́лчут пи́щи. They are hungry for food.

а́лч-ность, greediness, strong desire, eagerness
Он изве́стен свое́й а́лчностью к деньга́м. He is known for his greediness for money.

а́лч-ный, greedy, hungry
А́лчный челове́к. A greedy man.

а́лч-ущий, hungry, famished
Накорми́те а́лчущих. Feed the hungry.

АУ-, HALLOO, ECHO

ау́-кать, to halloo, shout to each other
Де́ти ау́кают в лесу́. The children are hallooing in the forest.

ау́-кнуть, to halloo, shout, cry out
Кто́-то ау́кнул. Someone hallooed. (Someone cried out.)

ау́-кнуться, to echo, halloo
Как ау́кнется, так и откли́кнется. When one shouts, one's echo comes back. (One good turn deserves another.)

ау́-канье, echo, halloo
Издали́ доно́сится ау́канье. The echo reaches from afar.

Б

БА-, TALK, SAYING, CHATTER, TELL STORIES

ба́-сня, fable
Мы прочли́ все ба́сни. We read all the fables.

ба́-сенник, fabulist, fablemaker
Крыло́в изве́стный ба́сенник. Krylov is a well-known fabulist.

ба-снослóвный, fabulous, mythological

Он заплатил за дом баснослóвную цéну. He paid for the house a fabulous price.

бá-ять, to speak, talk

Об этом бáяли в стáрое врéмя. (They) used to talk about it in ancient times.

ба-юкать, to lull

Мать баюкает ребёнка. The mother lulls (her) child.

у-ба-юкать, to lull to sleep

Егó трýдно убаюкать. It is difficult to lull him to sleep.

БАВ-, AMUSE, ADD, RID

до-бав-лять, } to add
до-бáв-ить, }

Онá добáвила воды́ к сýпу. She added (some) water to the soup.

до-бáв-очный, additional, supplementary

Добáвочная стóимость. Additional cost. Surplus value.

за-бáв-а, amusement, fun

Им всё забáва. Everything is fun to them.

за-бáв-ник, entertaining person

Он большóй забáвник. He is a jolly good fellow.

за-бáв-ный, amusing, entertaining, funny

Какóй забáвный анекдóт. What an amusing anecdote.

за-бав-ляться, to amuse oneself, play

Дéти забавляются в пáрке. The children are playing in the park.

из-бав-лять, } to rid, rescue
из-бáв-ить, } deliver, relieve, spare

Избáвьте меня от этой рабóты. Relieve me from this work.

из-бав-ляться, } to get rid
из-бáв-иться, }

Мы не мóжем от негó избáвиться. We cannot get rid of him.

из-бав-итель, liberator, deliverer, rescuer

Он её избавитель. He is her liberator.

при-бáв-ка, augmentation, increase, raise

Я получил прибáвку. I received a raise.

БД-, БОД-, БУД-, AWAKE, VIGIL, WATCH, BRAVE, SOUND

бд-éние, vigilance, watchful-ness, evening-service

Мы пошли́ ко всено́щному бде́нию. We went to the evening-service. We went to the vespers.

бд-и́тельность, watchfulness

Благодаря́ ва́шей бди́тель-ности всё це́ло. Every-thing is safe, thanks to your watchfulness.

бд-и́тельный, watchful, vigil-ant, wide-awake

Бди́тельный наблюда́тель. A wide-awake observer.

бо́д-рость, courage, vigour

Она́ сохрани́ла бо́дрость ду́ха. She has preserved (her) spiritual vigour.

бо́д-рый, brave, sound, heal-thy, hale and hearty

Он ещё бо́дрый стари́к. The old man is still hale and hearty.

бо́д-рствовать, to stay up, to be awake, watch

Несмотря́ на по́здний час они́ ещё бо́дрствуют. In spite of the late hour, they are still up.

буд-и́льник, alarm clock

У меня́ нет буди́льника. I have no alarm clock.

буд-и́ть, to wake, awake, wake up

Пора́ их буди́ть. It's time to wake them up.

бу́д-ни (бу́д-ень), weekday, weekdays

В бу́дни мы рабо́таем. On weekdays we work.

бу́д-ничный, week-day, every-day, working

На нём бу́дничная оде́жда. He wears (his) every-day clothes.

БЕГ-, (БѢГ)-, RUN, FLIGHT

бег, running, course, race, trot

Бы́стрый бег ло́шади. A swift trot of the horse.

бѣг-ать, беж-а́ть, } to run	На́до скоре́е бежа́ть за до́ктором. We must (It is necessary to) run for the doctor right away.
бѣг-лый, fugitive, deserter, rapid	Э́то бѣглый солда́т. He is a deserter.
бѣг-ство, flight, escape	Непрія́тель обрати́лся в бѣгство. The enemy has turned to flight.
бѣж-енец, refugee	За-грани́цей мно́го ру́сских бѣженцев. There are many Russian refugees abroad.
из-бѣг-а́ть, to avoid, shun, escape	Я избѣга́ю шу́мных у́лиц. I avoid noisy streets.
на-бѣг, invasion, inroad, attack	Росси́я пострада́ла от тата́рских набѣгов. Russia suffered from the Tartar invasions.
по-бѣг, escape, flight, desertion	Кропо́ткин соверши́л смѣлый побѣг. Kropotkin made a daring escape.
раз-бѣг, run, start	Э́тот ров мо́жно перепры́гнуть с разбѣга. One may jump over (across) this ditch at a run.
пере-беж-а́ть, to run across	За́яц перебежа́л доро́гу. A rabbit ran across the road.
под-беж-а́ть, to run up, come running to	Ма́льчик подбежа́л к отцу́. The boy came running to his father.
при-бѣж-ище, shelter, retreat, recourse	Она́ оста́лась без прибѣжища. She was left without a shelter.
с-бѣг-ать, to run, run down	Мне ну́жно сбѣгать в апте́ку. I must run down to the drug store.

у-беж-а́ть, у-бег-а́ть, } to run away, escape	Соба́ка убежа́ла со двора́. The dog ran away from the yard.
у-бе́ж-ище, asylum, shelter	Убе́жище для душе́вно-больны́х. An asylum for the mentally deranged people.

БЕД-, (БѢД)-, БИД-, POOR, BAD

бед-а́, misfortune, misery, disaster	Беда́ одна́ не прихо́дит. Misfortune does not come alone.
бе́д-ность, poverty	Бе́дность не поро́к. Poverty is no crime.
бе́д-ный, poor	Бе́дный мужи́к. A poor peasant.
бед-о́вый, mischievous, unmanageable, dangerous	Како́й он бедо́вый. How mischievous he is!
бе́д-ствие, calamity, disaster	Наводне́ние — большо́е бе́дствие. Flood is a great disaster.
бе́д-ствовать, to be in need, in want, to be poor	Эта семья́ о́чень бе́дствует. This family is very poor.
по-бе́д-а, victory, triumph	На́ши войска́ одержа́ли побе́ду. Our troops won a victory.
по-бед-и́ть, to conquer, vanquish	Победи́ть врага́ не всегда́ легко́. It is not always easy to conquer an enemy.
у-бед-и́ть, to convince, induce, persuade	Я не могу́ его́ убеди́ть в э́том. In this matter I cannot convince him.
у-бежд-е́ние, conviction	В э́том моё глубо́кое убежде́ние. This is my profound conviction about it.
пред-у-бежд-е́ние, bias, prejudice	Он челове́к без предубежде́ний. He is a man without prejudice.

о-би́д-а, insult, offense

Вы мне нанесли́ го́рькую оби́ду. You have given me grievous offense.

о-би́д-еть, to offend

Я не хоте́л вас оби́деть. I did not want to offend you.

о-би́д-чик, offender, wrong-doer

Оби́дчика привлекли́ к отве́т-ственности. The offender was put on trial.

о-би́ж-енный, offended, injured

У него́ оби́женный вид. He looks offended.

БЕЛ-, (БѢЛ)-, WHITE

бел-е́ть, to appear white, turn white

Снег беле́ет на горе́. The snow looks white on the mountain.

бел-изна́, whiteness

У неё ко́жа необыкнове́нной белизны́. Her skin is of unusual whiteness.

бе́л-ка, squirrel

Бе́лка пры́гает на ве́тке. A squirrel is jumping on a branch.

бел-о́к, white, albumen

Взбе́йте бело́к в пе́ну. Beat the white of an egg into a foam.

бел-ь-ё, linen, underwear

Пра́чка стира́ет бельё. The laundress washes the linen.

бел-ь-мо́, cataract, white spot in the eye

'Он торчи́т, как бельмо́ на глазу́. He stays here like an eyesore.

бел-о-ку́рый, fair-haired, blonde

Белоку́рый ма́льчик. A fair-haired boy.

бел-о-ру́чка, lazy man or woman

Белору́чки не лю́бят мно́го рабо́тать. Lazy people do not like to work hard.

до́-бел-а, at a white heat, white-flame heat

Желе́зо накали́лось добела́. The iron is heated to a white heat.

на-бел-о, clean, fair

Перепишите ваше сочинение набело. Write a clean draft of your composition.

про-бел, blank, gap, void, space, short-coming, draw-back

Вы пишите с ошибками — это большой пробел. You write with mistakes; this is a serious (great) draw-back.

БЕРЕГ-, БРЕГ-, GUARD, WATCH, SPARE, BOARD, SHORE

берег, shore, bank

Наш дом на берегу реки. Our house is on the river bank.

береж-ёный, protected, guarded

Бережёного Бог бережёт. Help yourself, and God will help you. (God protects him who protects himself.)

береж-ливый, careful, saving, economical, frugal

Она бережливая женщина. She is a frugal woman.

береч-ь (берег-ть), to take care of, guard, look after

Здоровье нужно беречь. One must take care of one's health.

на-береж-ная, quay, wharf

Они гуляли по набережной. They walked along the quay.

при-береч-ь, to keep, save, preserve

Прибереги остатки. Save the remnants.

БЕС-, (БѢС)-. DEMON, DEVIL

бес, demon, devil, tempter

Бес не дремлет. The devil (tempter) does not sleep.

бес-ить, to madden, enrage, drive one mad

Нечего меня бесить. Don't you drive me mad.

бес-новаться, to storm, rage, to be mad

Старик бесновался целый день. The old man raged all day long.

бе́ш-енство, rage, madness, frenzy, fury

В бе́шенстве он ри́нулся к окну́. He rushed to the window in a frenzy.

бе́ш-еный, mad, rabid, raging, exorbitant

Бе́шеная соба́ка укуси́ла де́вочку. A mad dog bit the little girl.

Они́ заплати́ли за дом бе́шеные де́ньги. They paid an exorbitant price for the house.

БИ-, БОЙ-, BATTLE, BEAT

би-ть, to beat, strike, whip, spank

Не́кому вас бить за ва́ши прока́зы. There is no one to whip you for your pranks.

би-е́ние, beating, beat, palpitation

У неё сла́бое бие́ние пу́льса. Her pulse (beat) is weak.

би́-тва. battle, fight, combat

К ве́черу начала́сь реши́тельная би́тва. A decisive battle began towards the evening.

раз-би-ва́ть, } to break, smash
раз-би́-ть,

Он разби́л стака́н. He broke a drinking glass.

раз би́-тый, broken

В разби́тое окно́ ду́ет. There is a draught from the broken window.

у-би-ва́ть, } to kill
у-би́-ть,

Охо́тник уби́л во́лка. The hunter killed the wolf.

у-би́-й-ство, murder

Его́ суди́ли за уби́йство. He was tried for murder.

у-би́-й-ца, murderer, assassin

Уби́йцу отпра́вили в Сиби́рь. They sent the murderer to Siberia.

бой, fight

Ви́дели-ли вы бой быко́в? Did you see a bullfight?

бо́й-кий, bold, daring, energetic

Бо́йкий ма́лый не пропадёт. An energetic person won't perish.

бо́й-ня, slaughterhouse, butchery

В го́роде две бо́йни. There are two slaughterhouses in the city.

раз-бо́й, robbery

Ведь э́то су́щий разбо́й. But this is a downright robbery.

раз-бо́й-ник, robber, brigand

Я чита́л расска́з о разбо́йниках. I read the story about the brigands.

БЛАГ- WELL, WELFARE, GOOD, FINE

бла́г-о, good, welfare

Он всё сде́лает для бла́га наро́да. He will do anything for the welfare of the people.

благ-о́й, good, favourable

У нас мно́го благи́х поры́вов. We have many good intentions.

благ-о-дар-и́ть, to thank

Благодарю́ вас. (I) thank you.

благ-о-да́р-ность, gratitude, thanks

Не сто́ит благода́рности. (Don't mention it.) It is not worth thanks.

благ-о-да́-ть, blessing, abundance, peace

Здесь така́я благода́ть! It is so peaceful here!

благ-о-де́-тель, benefactor

Вы мой благоде́тель. You are my benefactor.

благ-о-надёжный, trusty, reliable

Это благонадёжный челове́к. He is a reliable man.

благ-о-ро́дный, noble

Благоро́дный посту́пок. A noble action (conduct).

благ-о-слови́ть, to bless, to give one's blessing

Роди́тели благослови́ли неве́сту. The parents gave their blessing to the bride.

благ-о-состоя́ние, well-being, prosperity, condition	Благосостоя́ние страны́ улу́чшилось. The condition of the country has improved.

БЛЕСК-, БЛЕСТ-, БЛИСТ-, GLISTEN, SHINE

блеск, glitter, lustre, shine	Я́ркий блеск звёзд. The bright glitter of the stars.
от-блеск, reflection	О́тблеск зари́ на реке́. The reflection of the sunset on the river.
про́-блеск, flash, spark, ray of light	У него́ мелькну́л про́блеск наде́жды. A spark of hope flashed through his mind.
блест-е́ть, to shine, sparkle	Вода́ блести́т на со́лнце. Water sparkles in the sun.
блес-ну́ть(блеск-ну́ть), to sparkle, shine, flash	Блесну́ла мо́лния. Lightning flashed.
блест-я́щий, bright, shining, brilliant	Ива́н Петро́вич блестя́щий ора́тор. Ivan Petrovich is a brilliant orator.
за-блест-е́ть, to begin to shine, sparkle	Огоньки́ заблесте́ли в тума́не. Lights began to shine in the fog.
блист-а́ть, to shine	Она́ блиста́ла в о́бществе. She shone in (fashionable) society.
блист-а́тельный, splendid, brilliant	Они́ соверши́ли блиста́тельный по́двиг. They performed a splendid feat.

БЛИЗ-, NEAR

близ, near	Близ села́ зелене́ют па́шни. The green fields are near the village.

блúз-кий, near, close	Она́ моя́ бли́зкая ро́дственница. She is my near relation.
близ-не́ц, twin	Э́ти сёстры — близнецы́. These sisters are twins.
блúз-ость, nearness, proximity	И́вы ука́зывали на бли́зость реки́. The willows indicated the nearness of the river.
близ-о-ру́кий, near-sighted	Близору́кому нужны́ очки́. A near-sighted man needs glasses.
в-близ-и́, near-by, not far	Они́ живу́т вблизи́ от нас. They live not far from us.
с-ближ-е́ние, bringing together, rapprochement	Неда́вно произошло́ сближе́ние Япо́нии с Герма́нией. Recently a rapprochement between Japan and Germany took place.
с-блúз-иться, to become friendly, intimate	Они́ познако́мились и сбли́зились. They got acquainted and became intimate.

<u>БОГ-</u>, GOD, RICH, WEALTH

бог, God	Сла́ва Бо́гу, вы здоро́вы. Thank God, you are well!
бож-ество́, deity, divinity	Ты божество́ моё, сказа́ла она́. You are my deity, said she.
бо́ж-ий, God's	Я хочу́ погляде́ть на мир Бо́жий. I want to see the world.
бог-а-де́льня, almshouse, poorhouse	Вы́строили но́вую богаде́льню. They have built a new almshouse.

бог-о-ро́дица, Our Lady, the Virgin Mary

На стене́ виси́т ико́на Богоро́дицы. The Ikon of Our Lady is hanging on the wall.

на́-бож-ный, pious, devout

Она́ на́божна. She is pious.

о-бож-а́ть, to adore

Её обожа́ют де́ти. Children adore her.

у-бо́г-ий, wretched, humble, poor

На краю́ дере́вни стои́т убо́гая ха́та. At the farthest end of the village there is a humble hut.

бог-а́тый, rich, wealthy

Бога́тый бе́дному не ве́рит. The rich do not trust the poor.

бог-аты́рь, giant, hero

В были́нах мы узнаём о ру́сских богатыря́х. In the bylinas we learn about the Russian giants.

раз-бог-ате́ть, to grow rich, become wealthy

В коро́ткое вре́мя он разбогате́л. In a short time he became wealthy.

БОЛ-, ILL, HURT, PAIN, ACHE

бол-ь, pain, ache

Зубна́я боль мучи́тельна. A toothache is tormenting.

бол-е́знь, illness, disease

Он не мог притти́ по боле́зни. He could not come because of illness.

бол-е́ть, to be ill, sick

Вы ре́дко боле́ете. You are seldom ill.

бол-ь-ни́ца, hospital

Меня́ отвезли́ в городску́ю больни́цу. They took me to the city hospital.

бол-ь-но́й, sick, ill, patient

Больно́й поправля́ется. The patient is recovering.

за-бол-ева́ть, ⎫ to fall ill,
за-бол-е́ть, ⎭ to be ill

Моя́ мать серьёзно заболе́ла. My mother is seriously ill.

БОЛТ-, CHATTER, TALK, DANGLE

болт-а́ть, to chat, prattle

Весь ве́чер болта́ли об э́том происше́ствии. The entire evening they prattled about this incident.

болт-ли́вый, talkative

Ваш друг сли́шком болтли́в. Your friend is too talkative.

болт-овня́, prattle, gossip

Она́ занима́ется то́лько болтовне́й. She does nothing but gossip.

болт-у́н, chatterbox, chatterer

От э́того болтуна́ все бегу́т. Everyone avoids this chatterbox.

про-болт-а́ться, to babble, to make a slip of the tongue, to blab

Я случа́йно проболта́лся. Inadvertently I blabbed out.

БОЛ-, БОЛЬ-, MORE, LARGE, GREAT

бо́ль-ший, larger, greater

В саду́ я провожу́ бо́льшую часть дня. I spend the greater part of the day in the garden.

боль-шо́й, large, great, big

Мы потеря́ли большо́е состоя́ние. We have lost quite a fortune.

боль-шинство́, majority

Большинство́ призна́ло э́тот зако́н. The majority adopted this law.

боль-шеви́к, Bolshevik

Большевики́ пра́вят Росси́ей. The Bolsheviks rule Russia.

бо-я́рин (бол-я́рин), nobleman

Шу́йский был боя́рином. Shuisky was a nobleman.

бо-я́рский, nobleman's, of nobility

Боя́рская Ду́ма собира́лась ре́дко. The Council of Nobility met rarely.

бо-я́рство, nobility, old nobility

Боя́рство выступа́ло про́тив царя́. The nobility used to come out against the tsar.

БОС-, BARE

бос-о́й, barefoot

Ле́том крестья́не ча́сто хо́дят босы́ми. In summer the peasants often go barefoot.

бос-ико́м, barefoot

Де́ти перешли́ ре́чку босико́м. The children crossed the stream barefoot.

бос-я́к, hobo, tramp

По костю́му э́то был типи́чный бося́к. Judged from his clothes, he was a typical tramp.

БР-, БЕР-, БИР-, БОР-, TAKE, SEIZE, CLIMB, ELECT, COLLECT

бр-ать, to take

Он был вы́нужден брать взя́тки. He was forced to take bribes.

бер-у́, (I) take, I am taking

Я беру́ уро́ки ру́сского языка́. I am taking lessons in Russian.

вз-бир-а́ться, to climb, ascend

Мы с трудо́м взбира́емся на́ гору. We ascend the mountain with difficulty.

взо-бр-а́ться, to climb

Ма́льчики взобра́лись на чердак. The boys climbed into the garret.

вы-бир-а́ть, to choose, select, elect

Рабо́чие выбира́ют делега́тов. The workmen are electing the delegates.

вы́-бр-ать to choose, elect

Мы ещё не вы́брали председа́теля. We have not yet elected the chairman.

за-бо́р, fence, **hedge**

Не пры́гай че́рез забо́р. Don't jump over the fence.

с-бо́р-ник, collection, anthology

На столе́ лежи́т сбо́рник стихотворе́ний. The anthology of verse is lying on the table.

со-бр-а́ние, meeting

За́втра состои́тся собра́ние в клу́бе. To-morrow there will be a meeting at the club.

БРАТ-, BROTHER

брат, brother

У меня́ нет бра́та. I have no brother.

бра́т-ский, brotherly, brother's

Бра́тская любо́вь крепка́. Brotherly love is strong.

бра́т-ство, brotherhood, fraternity

Свобо́да, ра́венство и бра́тство. Liberty, equality, and fraternity.

брат-а́ться, to fraternize

Он не хо́чет с ни́ми брата́ться. He does not want to fraternize with them.

БРЕД-, БРОД-, WANDER

бред, delirium, raving, frenzy

Тяжёлый бред души́л больно́го. An oppressive delirium was suffocating the sick man.

бре́д-ить, to rave, to be delirious

Он то́лько э́тим и бре́дит. He simply raves about it.

бре́д-ни, nonsense, dreams, ravings

Всё э́то бре́дни. All this is nonsense.

брод-и́ть, roam, ramble, to wander

Он броди́л по це́лым дням. He was roaming for days.

брес-ти́(бред-ти́), to wander, roam, go slowly

Стару́ха едва́ бредёт. The old woman hardly drags her feet.

брод-я́га, tramp, vagabond

Бродя́га шата́ется из го́рода в го́род. A tramp wanders from city to city.

брод-я́жничать, to prowl, tramp

Безрабо́тные ста́ли бродя́жничать. The unemployed began to prowl about.

брод-я́жничество, prowling, vagrancy

Его́ арестова́ли за бродя́жничество. He was arrested for vagrancy.

с-бро́д, rabble, mob, riff-raff

На окра́ине го́рода живёт вся́кий сброд. All kinds of riff-raff live on the outskirts of the city.

БРОС-, БРАС-, THROW, TOSS

брос-а́ть, to throw, cast, fling

Не броса́йте камне́й в чужо́й огоро́д. Don't throw stones into a stranger's truck-garden. (Don't cast aspersions upon other people.)

бро́с-ить, to throw, give up

Он бро́сил слу́жбу. He gave up the position.

вы-бра́с-ывать, to throw out, cast, reject

Не выбра́сывай всего́ без разбо́ру. Don't throw out everything indiscriminately

вы́-брос-ить, to throw out, away

Да я уже́ всё вы́бросил. But I have already thrown away everything.

на-бра́с-ывать, to sketch, jot, outline

Он всегда́ на́скоро набра́сывает эски́з. He always jots down (his) sketch in a hurry.

на-брос-а́ть, to sketch, throw on, scatter

Ско́лько со́ру наброса́ли на у́лицу. How much rubbish they have thrown on the street.

на-брос-ить, to throw on, over

Дáма набрóсила шаль на плéчи. The lady threw a shawl over her shoulders.

раз-брáс-ывать, to throw about, scatter

Не разбрáсывайте кнѝги. Do not scatter the books.

раз-брос-áть, to throw about, scatter

Ивáн разбросáл все вéщи и ушёл. Ivan had scattered all his things and gone away.

БУЙ-, БУ-, RAGE, STORM

бу́й-ный, stormy, raging, violent

Бу́йным вéтром снеслó кры́шу. The raging wind tore off the roof.

бу́й-ство, boisterousness, turbulence

Солдáта наказáли за бу́йство. The soldier was punished for his boisterousness.

бу́й-ство-вать, to rage, storm, behave violently, to be on the rampage

Пья́ный всё врéмя бу́йствовал. The drunken man was violent all the time.

бу-нт, revolt, uprising

Он зовёт их на бунт. He calls them to a revolt.

бу-нтовáть, to revolt, rebel

Онѝ не хотя́т бунтовáть. They do not want to rebel.

бу-нтовщѝк, rebel, mutineer

Бунтовщикѝ разбѝли óкна. The rebels broke the windows.

бу-шевáть, to storm, rage

Мóре бушевáло. The sea raged.

БУР , STORM

бу́р-я, storm

Разразѝлась сѝльная бу́ря. A driving storm broke out.

бур-лѝть, to storm, boil, bubble

Ручéй бурлѝт в ущéлье. A stream bubbles in the gorge.

бу́р-ный, stormy, violent, heated

Бу́рное заседа́ние до́лго продолжа́лось. The stormy (heated) conference lasted a long time.

БЫ-, BEING, EXISTENCE

бы-ть, to be, exist

"Быть и́ли не быть, вот в чём вопро́с". To be, or not to be: that is the question.

бы-тие́, existence, being, life, genesis

Мона́х чита́л кни́гу Бытия́. The monk was reading Genesis.

бы-ль, fact, true tale

Э́то быль, а не ска́зка. This is a true tale, not a fairy tale.

бы-ли́на, bylina, Russian folklore, ballad

Мы чита́ли ру́сские были́ны. We were reading the Russian ballads.

бы-т, existence, mode of life, life

Они́ изуча́ют крестья́нский быт. They are studying the peasant life.

при-бы́-тие, arrival

Всего́ час до прибы́тия парохо́да. It's only an hour before the arrival of the boat.

со-бы́-тие, event

В Евро́пе происхо́дят ва́жные собы́тия. Important events are taking place in Europe.

у-бы-ва́ть, to diminish, subside

Вода́ ста́ла убыва́ть. The water began to subside.

В

ВАГ-, WEIGHT, DARE

от-ва́г-а, daring, audacity, hardihood

Го́рцы изве́стны свое́й отва́гой. The mountaineers are known for their daring.

от-ва́ж-ный, daring, courageous

Степа́н отва́жный матро́с. Stephen is a courageous sailor.

от-ва́ж-иться, to dare, venture, risk

Неприя́тель не отва́жится на при́ступ. The enemy will not venture an assault.

ва́ж-ный, important, grave, significant

Э́то о́чень ва́жный вопро́с. It is a very important question (matter).

ва́ж-ничать, to be proud, to put on airs

Он ва́жничает свои́м чи́ном. He is putting on airs because of his rank.

ва́ж-ность, importance, significance, consequence

Кака́я в э́том ва́жность. It's of no consequence. (What does it matter!)

у-важ-а́ть, to respect, esteem

Вас все уважа́ют. Everybody respects you.

у-важ-е́ние, respect, deference

Мы отно́симся к ней с уваже́нием. We treat her with respect.

у-важ-и́тельный, valid, justifiable, excusable, important

Он не мог зайти́ к вам по уважи́тельной причи́не. He could not call on you for a justifiable reason.

ВАЛ-, ROLL, SURGE, BULWARK, HEAP

вал, rampart, embankment

За ва́лом начина́ются око́пы. The trenches begin beyond the rampart.

вал-и́ть, to throng, to heap, pile, overturn

Наро́д вали́т толпо́й. The people come in a throng.

вал-я́ться, to roll about, loll, to wallow

Он валя́ется в посте́ли до обе́да. He lolls in bed until dinner.

на-по-ва́л, outright, on the spot

Его́ уби́ли напова́л. He was killed outright.

об-ва́л, avalanche, landslide

После землетрясе́ния произоше́л обва́л. After the earthquake there was a landslide.

пере-вал-и́ть, to pass, get across

Ему́ уже́ перевали́ло за шестьдеся́т. He is already past sixty.

про-ва́л-ивать, to reject, send off, chase out

Прова́ливай да́льше! Get along with you! (Get away!)

про-вал-и́ться, to fail, fall through, collapse

Учени́к провали́лся на экза́мене. The student failed in his examination.

раз-ва́л, collapse, disintegration, discord

В их семье́ полне́йший разва́л. In their family everything is at sixes and sevens.

с-ва́л-ка, fight, heap

Ему́ подби́ли глаз в сва́лке. He got a black eye in the fight.

ВАР-, BOIL, HEAT, COOK

вар, tar

Ва́ром поправля́ют доро́ги. The roads are repaired with tar.

вар-е́нье, jam, preserve

Она́ не лю́бит мали́нового варе́нья. She does not like raspberry jam.

вар-и́ть, to cook

Когда́ вы нау́читесь вари́ть ка́шу? When will you learn to cook the gruel?

по́-вар, cook

У них по́вар францу́з. Their cook is a Frenchman.

пище-вар-е́ние, digestion

Он страда́ет расстро́йством пищеваре́ния. He suffers from indigestion.

само-ва́р, tea-urn	Самова́р на столе́, пора́ пить чай. The samovar is on the table, it's time to drink tea.

BE-, (ВѢ)- WAFT, BLOW, FAN

ве́-ять, to waft, blow softly	В откры́тое окно́ ве́ет прохла́дой. Cool air blows softly through the open window.
ве́-ялка, winnowing-machine	Ве́ялка в амба́ре. The winnowing-machine is in the barn.
ве́-яние, breeze, influence, idea	Но́вые ве́яния чу́вствуются да́же в прови́нции. New ideas are felt even in the province.
ве́-ер, fan	У неё дорого́й ве́ер. She has an expensive fan.
ве́-тер, wind	Ду́ет си́льный ве́тер. A strong wind blows.
ве́-тряный, wind, windy	На горе́ стои́т ветряна́я ме́льница. There is a windmill on the hill.
вы-ве́-тривать, to weather, to air	Переме́на температу́ры выве́тривает по́чву. A change in temperature weathers the soil.
по-ве́-трие, epidemic, infection	Тепе́рь пове́трие на о́спу. Now there is an epidemic of smallpox.
по-ве́-ять, to begin to blow, flow, spread	В ко́мнате пове́яло за́пахом цвето́в. A fragrance of flowers permeated the room.
про-ве́-тривать, to air	Служа́нка прове́тривает оде́жду. The maid is airing the clothes.

ВЕД-, (ВѢД)-, KNOW
SEE: ВЕТ-

вед-ать, to know, be aware	Хозяин не ведал, что гость не обедал. The host did not know that the guest had no dinner.
вед-омость, journal, list, report	Где таможенная ведомость? Where is the customs report?
вед-ьма, witch	Она зла как ведьма. She is angry as a witch.
веж-ливый, polite	Вежливый молодой человек. A polite young man.
не-веж-а, ignoramus	Невежа не умеет держать себя в обществе. An ignoramus does not know how to behave in society.
раз-вед-ка, search, exploration, reconnaissance	Мы отправились на разведку. We were off to start an exploration.
с-вед-ение, knowledge, information	Они не имеют сведений о брате. They have no information about their brother.
с-вид-етель, (съвѣдѣтель), } witness	Он был свидетелем этого преступления. He was a witness in this crime.
ве-сть(вед-ть), news, message, information	Мы получили приятные вести. We received pleasant news.
со-ве-сть, conscience	Его мучили угрызения совести. He was conscience stricken.
добро-со-ве-стный, conscientious	Он добросовестный работник He is a conscientious worker.

из-ве́-стие, news, information

К нам ре́дко дохо́дят изве́-
стия о ней. We rarely
receive news of her.

по́-ве-сть. story, narrative,
tale

Я прочёл э́ту по́весть. I
have read this story.

ВЕЛ-, ВОЛ-, COMMAND, WILL, ORDER

вел-е́ть, to order, give orders,
command

Вели́ слуге́ принести́ вино́.
Give orders to the servant
to bring some wine.

по-вел-е́ние, command, order

По высоча́йшему повеле́нию
пригово́р был отменён. By
Imperial order the sentence
(verdict) was annulled.

по-вел-и́тель, master, sov-
ereign, commander

На ка́ждого исполни́теля по
три повели́теля. For every
executive there are three
sovereigns (masters).

во́л-я, will, freedom, liberty

Во́ля ва́ша, а я с ва́ми не
согла́сен. As you like, but
I do not agree with you.

во́л-ь-ный, free, voluntary

Э́то сли́шком во́льный пере-
во́д. This translation is too
free.

до-во́л-ь-но, enough, suffice,
content

Дово́льно говори́ть об э́том.
Enough of this talk.

из-во́л-ить, to desire, grant,
deign

Чего́ изво́лите? What do
you wish? (What can I
do for you?)

поз-во́л-ить, to allow, permit,
let

Позво́льте мне познако́мить
вас. Let me introduce you.

удо-во́л-ь-ствие, pleasure,
joy, enjoyment

С больши́м удово́льствием.
With great pleasure.

вел-ик-а́н, giant

В ци́рке пока́зывали вели-
ка́на. In the circus they
were showing a giant.

вел-и́к-ий, great	Наступи́л вели́кий пра́здник Па́схи. There came the great Easter holiday.
вел-ич-а́вый, majestic, stately, lofty	Велича́вый вид Казбе́ка. A majestic view of the Kazbek.
вел-и́ч-ие, grandeur, solemnity	Вели́чие церко́вной слу́жбы. The grandeur of the church service.
вел-ь-мо́жа, courtier	Вельмо́жа прово́дит мно́го вре́мени при дворе́. A courtier spends much time at the court.

ВЕР-, (ВѢР)-, TRUST, FAITH

ве́р-а, faith, religion	Христиа́нская ве́ра распространена́ по всему́ ми́ру. Christianity is spread throughout the world.
ве́р-ить, to trust, believe	Я вам не ве́рю. I do not trust you. (I do not believe you.)
ве́р-ный, faithful	Соба́ка — ве́рный друг челове́ка. The dog is man's faithful friend.
вер-оя́тно, probably, likely	Вы вероя́тно бу́дете здесь за́втра. You will probably be here to-morrow.
до-ве́р-ие, trust, confidence	У меня́ к нему́ по́лное дове́рие. I have complete faith (confidence) in him.
суе-ве́р-ный, superstitious	Суеве́рный всего́ бои́тся. A superstitious person is afraid of everything.
у-ве́р-енность, assurance, certainty	Я не могу́ сказа́ть с уве́ренностью что э́то так. I cannot say with certainty that it is so.

ВЕРТ-, ВРАТ-, ВОРОТ-, TURN, TWIST

верт-éть, to turn, twirl, twist

Она вéртит им как хóчет. She can twist him around her little finger.

верт-éться, to turn round, spin

Слóво вéртится на языкé. The word is on the tip of (my) tongue.

вер-нýть(верт-нуть), to re-turn

Он вернýл нам кнúгу. He returned the book to us.

за-вёрт-ывать, ⎫
за-вер-нýть, ⎬ to wrap, roll, muffle up

Прикáзчик завёртывал (завернýл) пакéт. The salesman wrapped the parcel.

врат-á, ⎫
ворóт-а, ⎬ gate, gates

Отворúлись Цáрские вратá. The holy gates of the sanctuary opened.

вращ-áть, to turn, revolve

Станóк вращáет колесó. The lathe turns the wheel.

вращ-áться, to revolve, ro-tate, mix, mingle

Я вращáюсь в образóванном óбществе. I mingle in educated (intellectual) society.

воз-вращ-áть, ⎫
воз-врат-úть, ⎬ to return, pay back

Мы скóро возвратúм вам долг. We shall soon return (pay back) our debt to you.

об-ращ-áть, to turn, change, convert, transform

Не обращáйте на негó внимá-ния. Don't pay (turn) any attention to him.

об-рат-úть, to turn, change, convert

Обратúте внимáние на вáши ошúбки. Pay attention to your mistakes.

об-ращ-éние, circulation, ro-tation, usage, treatment

Эта монéта вышла из обра-щéния. This coin has been out of circulation.

раз-врáт, corruption, debauch, perversity

Это сýщий разврáт. This is a veritable debauch.

раз-врат-ник, libertine, depraved person

Он превратился в развратника. He turned into a libertine.

раз-вращ-ать, to corrupt

Дурной пример развращает. A bad example corrupts one.

ворот, collar

У него высокий ворот. He wears a high collar.

ворот-а, (врат-а), gate, gates

Ворота открыты настеж. The gates are wide open.

ворот-ить, to return, call back

Прошлого не воротишь. One cannot call back the past.

ворот-ник, collar

Я купил воротники. I bought the collars.

водо-ворот, whirlpool

Лодка попала в водоворот. The boat was caught in a whirlpool.

косо-ворот-ка, Russian shirt

На нём была косоворотка. He wore a Russian shirt.

об-орот (об-ворот), turn

Дело приняло плохой оборот. The affair took a turn for the worse.

пере-ворот, overturn, revolution

В России произошёл переворот. In Russia there was a revolution.

по-ворот, turn, bend, loop, crossroad, return

На повороте мы встретили знакомых. We met (our) acquaintance at the turn in the road.

ВЕРХ-, TOP, ABOVE, SUPER-

верх, top, summit

Верх горы слишком крут. The top of the mountain is too steep.

верх-ний, upper

Мы живём на верхнем этаже. We live on the upper floor.

верх-о́м, horseback, astride

Я люблю́ ката́ться верхо́м. I like horseback riding.

верх-у́шка, top, summit

Мо́лния разби́ла верху́шку де́рева. The lightning smashed the tree top.

верш-и́на, summit, peak

Мы подня́лись на сне́жную верши́ну. We ascended the snow-clad summit.

со-верш-е́нство, perfection

Она́ зна́ет ру́сский язы́к в совершенстве. She knows the Russian language to perfection.

со-верш-и́ть, to perform, commit, accomplish

Он соверши́л преступле́ние. He committed a crime.

ВЕСЕЛ-, JOYFUL, CHEER, ENJOY

весел-и́ть, to cheer, enjoy, amuse

Что кого́ весели́т, тот про то и говори́т. One speaks of those things which one enjoys.

весёл-ый, gay, cheerful

Весёлое лицо́. A cheerful face.

весе́л-ье, joy, gaiety

В до́ме цари́ло весе́лье. Gaiety reigned in the house.

весел-ь-ча́к, merry chap, merrymaker

Мой дя́дя большо́й весельча́к. My uncle is a great merrymaker.

на-весел-е́, tipsy, in one's cups

Вы сего́дня навеселе́. You are tipsy today.

раз-весел-и́ть, to amuse, cheer up

Как вас развесели́ть? How can I cheer you up?

BET-, (BѢT)-, UTTER, SAY, SPEAK
SEE: ВЕД-

за-вéт, testament, will, be-quest

Храни́те заве́ты пре́дков. Keep the bequest of the ancestors.

о-бéт(об-вет), promise, vow

Она́ дала́ обе́т пойти́ в монасты́рь. She has made a vow to enter a convent.

от-вéт, answer, reply

Я ещё не получи́л отве́та. I have not yet received the reply.

при-вéт, greeting

Она́ шлёт вам приве́т. She sends greetings to you.

со-вéт, advice, counsel

Да́йте ему́ хоро́ший сове́т. Give him good advice.

со-вéт-чик, adviser, counsellor, guide

Вы плохо́й сове́тчик. You are a poor adviser.

об-ещ-áть, to promise

Я ничего́ не могу́ вам обе-ща́ть. I cannot promise you anything.

от-веч-áть, } to answer,
от-вéт-ить, } reply

Вы ещё не отве́тили на письмо́. You have not answered the letter yet.

со-вещ-áться, to confer, consult, deliberate

Они́ до́лго совеща́лись. They deliberated a long time.

вéч-е, moot, meeting

Славя́нское ве́че бы́ло наро́дным собра́нием. The Slavic moot used to be a popular assembly.

ВИ-, WEAVE

ви-ть, weave, twist, spin

Весно́й пти́цы вьют гнёзда. In spring the birds make their nests.

вь-ю́га, blizzard, snow-storm	На дворе́ во́ет вью́га. The blizzard howls outside.
вь-ю́н, groundling, vine, convolvulus	Он вьётся как вьюн. He twists like a groundling. He clings to one like a vine. (He courts favor by a cringing demeanor.)
вь-ю́чный, burden, pack	Ло́шадь — вью́чное живо́тное. The pack-horse is a beast of burden.
вь-ю́шка, damper, valve	Не забу́дь, откры́ть вью́шку в печи́. Don't forget to open the damper in the stove.
рав-ви́-тие, development	Культу́рное развитиестраны́. The cultural development of the country.
рав-ви́-ть, to develop, evolve	Я хочу́ разви́ть э́то де́ло. I want to develop this business.
с-ви́-ть, to wind, coil, wreath, build	Де́вочка сви́ла себе́ вено́к. The little girl has made a wreath for herself.

ВИД-, SEE

вид, view, aspect	Отсю́да прекра́сный вид. The view is beautiful from here.
ви́д-еть, to see	Они́ ви́дят всё в ро́зовом све́те. They see everything through rose-colored glasses.
вид-не́ться, to be seen, appear	Вдали́ видне́ется дере́вня. A village has appeared in the distance.
ви́д-ный, prominent, conspicuous, noticeable	Петро́в занима́ет ви́дное положе́ние. Petrov occupies a prominent place.

воз-не-на-вид-еть, to hate, begin to hate

Она его возненавидела. She began to hate him.

за-вид-овать, to envy, to be envious

Почему вы ему завидуете? Why do you envy him?

за-вис-тливый, envious, jealous

Завистливое око видит далёко. An envious eye sees far.

за́-вис-ть(за-вид-ть), envy, grudge

Её гложет зависть. She is pining away with envy.

при-вид-е́ние, vision, apparition, ghost

В старину́ ве́рили в привиде́ния. In times of yore they believed in ghosts.

с-вид-а́ние, meeting, appointment

Я спешу́ на свида́ние. I am hurrying to an appointment. (I am in a hurry. I have an appointment.)

ВИН-, BLAME

вин-а́, blame, fault

Чья это вина́? Whose fault is it?

вин-и́ть, to accuse

Напра́сно вы меня́ вини́те. You are accusing me unjustly.

вин-ова́тый, guilty

Он не призна́л себя́ винова́тым. He did not admit that he was guilty.

вин-о́вник, culprit, author, cause

Па́вел сего́дня вино́вник торжества́. Paul is the cause of to-day's celebration.

из-вин-е́ние, pardon, excuse

Прошу́ извине́ния. I beg your pardon. (Excuse me.)

не-ви́н-ный, innocent, not guilty

Он оказа́лся неви́нным. He was found innocent.

об-вин-я́ть, } об-вин-и́ть, } to accuse

Их обвиня́ют в кра́же. They are accused of theft.

ВИС-, ВЕС-, (ВѢС)-, HANG

вис-е́ть, to hang

Шу́ба виси́т на ве́шалке. The coat is hanging on a peg.

ви́с-елица, gallows

Его́ приговори́ли к ви́се-лице. He was sentenced to be hanged on the gallows.

за-ви́с-еть, to depend

Э́то от меня́ не зави́сит. It does not depend on me.

вес, weight, importance

Э́то челове́к с ве́сом. He is a man of importance.

вы́-вес-ка, sign

На у́лицах я́ркие вы́вески. There are bright signs on the streets.

за́-на-вес, curtain

За́навес шевели́тся от ве́тра. The curtain is flapping in the wind.

ве́ш-алка, hanger, clothes peg

В пере́дней не́сколько ве́-шалок. There are several hangers in the hall.

ве́ш-ать, to hang

Ба́ба ве́шает бельё на ве-рёвку. The peasant woman hangs the clothes on a rope.

ВЛАД-, POWER, RULE

влад-е́лец, owner

Владе́лец э́того име́нил мой ро́дственник. The owner of this estate is my relative.

влад-е́ние, domain

У него́ обши́рные владе́ния. He has a large domain.

влад-е́ть, to possess, rule, own

А́нглия владе́ет И́ндией. England rules India.

влад-ы́ка, master, owner, ruler

Поме́щик был полновла́ст ным влады́кой крестья́н. The landlord was the absolute master of the peasants.

влас-твовать, to lord, dominate, rule

Диктáтор влáствует над странóй. A dictator rules the country.

влас-ть(влад-ть), power, authority

Совéтская власть учредѝла колхóзы. The Soviet authorities have founded the collective farms.

óб-лас-ть(об-влад-ть), province, region

Примóрская óбласть на берегý Тѝхого Океáна. The Maritime province is on the Pacific coast.

ВОД-, WATER

вод-á, water

Дáйте мне стакáн водѝ. Give me a glass of water.

вóд-ка, vodka

Вóдка крéпкий напѝток. Vodka is a hard liquor.

вод-о-вóз, water carrier

Водовóз проéхал по ýлице. The water carrier passed along the street.

вод-о-пáд, waterfall, falls

Ниагáрский водопáд великолéпен. The Niagara Falls are magnificent.

вод-о-про-вóд, water-pipe, plumbing

У нас испóртился водопровóд. Our plumbing is out of order.

на-вод-нéние, flood

Наводнéние причиняет мнóго бéдствий. A flood causes many hardships.

под-вóд-ный, submarine, subaqueous

Подвóдная лóдка пошлá ко днý. The submarine sank.

ВОД-, ВЕД-, LEAD

вод-ѝть, to lead

Мáльчик вóдит слепóго за руку. The boy leads the blind man by the hand.

вожд-ь, leader	Ле́нин был вождём пролета́риа́та. Lenin was the leader of the proletariat.
вы́-вод, conclusion	Я заключи́л неблагоприя́тный вы́вод. I have made an unfavorable conclusion.
пере-во́д, translation	Э́та кни́га — перево́д с ру́сского. This book is a translation from the Russian.
по́-вод, ground, reason, cause	Война́ загоре́лась без вся́кого по́вода. The war broke out for no reason.
раз-во́д, divorce	Он уже́ получи́л разво́д. He has already been granted a divorce.
вес-ти́ (вед-ти), to lead, conduct, manage	Не легко́ вести́ тако́е большо́е де́ло. It is not easy to manage such a big business.
в-вед-е́ние, introduction	Ва́ше введе́ние сли́шком кра́тко. Your introduction is too brief.
за-вед-е́ние, institution	Я учу́сь в вы́сшем уче́бном заведе́нии. I am studying in an institution of higher learning.
за-вес-ти́, to lead, bring, take	Вы завели́ меня́ далеко́ в парк. You led me too far into the park.
от-вес-ти́, to take	Я отведу́ её домо́й. I shall take her home.
по-вед-е́ние, demeanor, conduct	Ученика́ наказа́ли за дурно́е поведе́ние. The pupil was punished for misdemeanor.
про-из-вед-е́ние, work, writing	Она́ прочла́ все произведе́ния Толсто́го. She has read all the works of Tolstoy.

про-из-вод-и́ть, ⎫ про-из-вес-ти́, ⎭ to make	Эта пье́са произвела́ на меня́ хоро́шее впечатле́ние. This play made a good impression on me.

ВОЗ-, ВЕЗ-, CARRY

вез-ти́, ⎫ to take, carry, воз-и́ть, ⎭ bring	Крестья́нин везёт гусе́й на я́рмарку. The peasant brings the geese to the fair.
воз, cart	Мужи́к про́дал воз се́на. The peasant sold a cartload of hay.
воз-ня́, racket, noise	Что э́то там за возня́? What is that racket?
вы-воз-и́ть, to export	Росси́я выво́зит хлеб за-грани́цу. Russia exports grain (abroad).
из-во́з-чик, cabman	Пововите иззо́зчика. Call a cabman.
паро-во́з, engine, locomotive	О́коло ста́нции показа́лся парово́з. An engine appeared at the station.
пере-во́з, transport, trans-portation	Фи́рма уплати́ла за перево́з това́ра. The concern paid for the transportation of goods.

ВОЛОК-, ВЛЕК-, ВЛАК-, PULL, DRAG, FIBRE

волок-и́та, dangler	Он ста́рый волоки́та. He is an old dangler.
волок-но́, fibre	Э́то льняно́е волокно́ для пря́жи. This linen fibre is for weaving.
на́-волок-а, pillowcase	Принеси́те мне чи́стую на́во-локу. Bring me a clean pillowcase.

про́-волок-а, wire	На столбе́ виси́т про́волока. A wire is hanging on the pole.
волоч-и́ть, to drag	От уста́лости я едва́ волочи́л но́ги. I could hardly drag my feet because of weariness.
волоч-и́ться, to run after	Офице́ры волочи́лись за ней. The officers were running after her.
влеч-е́ние, inclination, proclivity	У меня́ большо́е влече́ние к му́зыке. I have a proclivity to music.
влеч-ь(влек-ть), to bring, involve	Э́то влечёт за собо́ю непри-я́тности. It may bring annoyance.
при-влек-а́ть, to attract, summon, prosecute	Его́ привлека́ют к отве́тст-венности. He is being prose-cuted.
раз-влек-а́ть, to amuse, entertain	И́гры развлека́ют дете́й. Games amuse children.
у-влек-а́ть, to attract, fascinate	Их увлека́ет теа́тр. The theatre fascinates them.
влач-и́ть, to drag, lead	Он влачи́т жа́лкое суще-ствова́ние. He leads a wretched existence.
о́б-лак-о (об-влак-о), cloud	Не́бо покры́то облака́ми. The sky is overcast.

ВЫС-, HIGH

выс-о́кий, high, tall	Како́е высо́кое зда́ние. What a high building.
выс-окоме́рие, haughtiness, arrogance	Его́ презира́ли за высоко-ме́рие. He was despised for his arrogance.

выс-ок-опа́рный, pompous	Статья́ напи́сана высоко-па́рным сло́гом. The article is written in a pompous style.
выс-ота́, height, altitude	Он оказа́лся на высоте́ положе́ния. He rose to the occasion.
выс-ь, height	Жа́воронок лети́т в высь. The lark soars upwards.
воз-выш-а́ть, } to raise, воз-вы́с-ить, } promote	Его́ возвы́сили до генера́ль-ского чи́на. He was promoted to the rank of general.
воз-выш-е́ние, elevation	На возвыше́нии стои́т кре́-пость. There is a fortress on the elevation.
по-выш-е́ние, promotion	Он получи́л повыше́ние. He received a promotion.

ВЯЗ-, УЗ-, TIE, BIND

вя́з-анка, bundle	Он принёс вяза́нку дров. He brought a bundle of wood.
вяз-а́ть, to knit	Вы́учи меня́ вяза́ть чулки́. Teach me how to knit stockings.
вя́з-нуть, to stick	В дождь мы вя́знем в грязи́. When it rains, we stick in the mud.
вяз-ь, ornamental lettering	Письмо́ напи́сано славя́нской вя́зью. The document is written in Slavic orna-mental lettering.
за-вя́з-ка, plot	Завя́зка рома́на интере́сна. The plot of the novel is interesting.

об-яз-а́тельство, promise, pledge

Я взял с него́ пи́сьменное обяза́тельство. I took a written pledge from him.

об-я́з-ывать, (об-вяз-ывать), to bind legally, oblige

Э́то ни к чему́ не обя́зывает. There is nothing binding in that.

раз-вя́з-ка, climax

Де́ло идёт к развя́зке. The affair is coming to a head.

у́з-ел, knot

Она́ завяза́ла у́зел на платке́. She tied a knot in her handkerchief.

у́з-ник, prisoner

У́зника сего́дня освободи́ли. The prisoner was released today.

у́з-ы, ties

Его́ тяготя́т у́зы родства́. He is weary of his family ties.

Г

ГАД-, GUESS

гад-а́лка, fortuneteller

Тётя была́ у гада́лки. Our aunt was at the fortune-teller's.

гад-а́ть, to tell fortunes

В старину́ ча́сто гада́ли. In old days they often told fortunes.

гад-а́ние, fortunetelling, divination

Она́ ве́рила в гада́ние. She believed in fortunetelling.

до-га́д-ываться, } до-гад-а́ться, } to guess

Я сам догада́лся что он музыка́нт. I myself guessed that he was a musician.

до-га́д-ка, conjecture, guess

Пошли́ ра́зные дога́дки. Various conjectures were abroad.

за-га́д-ка, riddle

Отгада́йте э́ту зага́дку. Guess this riddle.

за-гад-очный, mysterious

Кака́я загáдочная истóрия. What a mysterious incident.

у-гад-áть, to guess

Угадáйте от когó цветы́. Guess from whom are these flowers.

ГАД-, REPTILE

гад, reptile

В тропи́ческих стрáнах мнóго вся́ких гáдов. In tropical countries there are all kinds of reptiles.

гáд-кий, mean, base

Вы соверши́ли гáдкий по- сту́пок. You have done a mean trick.

гáд-ость, baseness, meanness

Он спосóбен на вся́кие гá- дости. He is capable of all sorts of meanness.

ГИБ-, ГН-, ГУБ-, PERIL, BEND, BOW

ги́б-ель, destruction, peril

Мы бы́ли на краю́ ги́бели. We were on the verge of destruction.

ги́б-кий, flexible, pliable, willowy

У меня́ в рукáх ги́бкий прут. I hold a willowy rod.

ги́б-кость, suppleness, sub- tlety

Он отличáется ги́бкостью умá. He is noted for his subtlety.

ги́б-нуть, to perish

Мнóгие ги́бнут в тю́рьмах. Many perish in prisons.

гн-уть (гбн-уть), to bend

Крестья́нин гнёт спи́ну всю жизнь. The peasant works hard all his life.

из-ги́б, curve, bent

По э́той дорóге мнóго из- ги́бов. There are many curves along this road.

на-гн-у́ться, to bend, stoop

Мать нагну́лась к ребёнку. The mother bent down to her child.

по-ги́б-ель, destruction, peril, undoing

Это бы́ло его́ поги́белью. This was his undoing.

с-ги́б-а́ть, to bend

Рабо́тник сгиба́ет дугу́. The laborer is bending a bow.

со-гн-у́ть, to bend, twist, curve

Сталь мо́жно согну́ть не лома́я. One may bend the steel without breaking it.

губ-и́тель, destroyer, undoer

Он настоя́щий губи́тель серде́ц. He is a veritable lady-killer.

губ-и́ть, to ruin, destroy, kill

Моро́з гу́бит жа́тву. Frost kills the crop.

по-губ-и́ть, to ruin, undo

Его́ погуби́ла пра́здность. Idleness ruined him.

ГЛАВ-, ГОЛОВ-, HEAD, CHIEF

глав-а́, head, chief, principal, chapter

Его́ брат глава́ фи́рмы. His brother is the head of the firm.

Мы прочли́ пе́рвую главу́. We have read the first chapter.

глав-ный, chief, main, primary

Гла́вной те́мой разгово́ра была́ война́. War was the main topic of conversation.

за-гла́в-ие, heading, title

Загла́вие кни́ги сли́шком дли́нно. The title of the book is too long.

о-глав-ле́ние, table of contents, index

Посмотри́те в оглавле́ние. Look into the table of contents.

голов-á, head

У меня болит голова. I have a headache.

голов-о-кружéние, dizziness

Она страдáет головокружéнием. She suffers from dizziness. She has dizzy spells.

голов-о-ломный, puzzling, difficult to solve

Учитель задал головоломную задáчу. The teacher gave a braintwister. The teacher gave a difficult problem.

из-голов-ие, head of the bed

Образ висит у изголовья. An ikon hangs at the head of the bed.

ГЛАД-, SMOOTH, PAT

глад-ить, to iron, press

Сестра гладит платки. My sister irons the handkerchiefs.

глад-кий, smooth, even

Лёд на реке гладкий как стекло. The ice on the river is as smooth as glass.

глад-ь, smooth surface, stillness

Какая гладь на море сегодня. How smooth the sea is today.

за-глаж-ивать, to smooth, efface, expiate, make up, make amends

Он заглаживает свою вину. He is making amends for his fault.

раз-глаж-ивать, }to smooth
раз-глад-ить, }

Девочка разгладила измятое платье. The little girl smoothed out a crumpled dress.

ГЛАД-, ГОЛОД-, HUNGER

глод-áть, to gnaw, nibble

Собака гложет кость. The dog gnaws the bone.

голод, hunger, famine

В этой стране свирепствовал голод. Famine ravaged (in) this country.

голод-áть, to starve, to be hungry

Безрабóтные голодáют. The unemployed are starving.

голóд-ный, hungry

Послы́шался вой голóдного вóлка. The howl of a hungry wolf was heard.

про-голод-áться, to be hungry

Я óчень проголодáлась. I am very hungry.

ГЛАЗ-, EYE

глаз, eye

У неё прекрáсные глазá. She has beautiful eyes.

глаз-éть, to stare

Толпá зевáк глазéла на аэроплáн. A crowd of idlers stared at the airplane.

глáз-ки, eyes

Нéчего вам стрóить глáзки. You must not make eyes (at me).

глаз-нóй, eye

Мне нáдо пойти́ к глазнóму врачý. I have to go to an oculist.

за-глаз-á, behind one's back, amply

Про когó не говоря́т за-глазá? Is there anyone of whom they don't talk behind his back?

с-глáз-ить, to cast an evil spell

Крестья́нка говори́т что её ребёнка сглáзили. The peasant woman says that someone has cast an evil spell on her child.

ГЛАС-, ГОЛОС-, VOICE

глас, voice, tune

Глас нарóда, глас Бóжий. The voice of the people is the voice of God.

глас-и́ть, to say, run, go

Так гласи́т статья́ закóна. It is said so in the legal statute.

глас-ный, vowel, public

Ученики произносят гласные звуки. The pupils are pronouncing the vowel sounds.

глаш-атай, town-crier

Глашатаи быстро разнесли весть. The town-criers spread the news swiftly.

при-глаш-ать,
при-глас-ить, } to invite

Пригласите их на чай. Invite them to tea.

при-глаш-ение, invitation

Мы получили приглашение на бал. We have received the invitation to the ball.

со-глас-ие, consent, agreement

Он не хочет дать своего согласия. He does not want to give his consent.

со-глаш-аться,
со-глас-иться, } to agree

Я согласился поехать с ними. I agreed to go with them.

воз-глас, ejaculation, outcry

Послышались возгласы и восклицания. There were heard ejaculations and exclamations.

едино-глас-но, unanimous-ly

Резолюцию приняли единогласно. The resolution was unanimously passed.

о-глас-ка, publicity

Это известие не подлежит огласке. This information is not to be made public. (is not to be broadcast).

голос, voice

У Шаляпина великолепный голос. Shaliapin has a magnificent voice.

голос-истый, loud-voiceu, vociferous

В лесу раздавалось пение голосистых птиц. A loud singing of the birds resounded in the forest.

голос-ова́ть, to vote	Мно́гие голосова́ли про́тив э́того кандида́та. Many voted against this candidate.

ГЛУХ-, ГЛОХ-, DEAF

глух-о́й, deaf	Глухо́му с немы́м не́чего говори́ть. It's no use for the deaf to talk with the dumb.
глух-о-немо́й, deaf-mute	На углу́ дом для глухонемы́х. On the corner there is a home for deaf-mutes.
глуш-и́ть, to deafen	Гроза́ нередко глу́шит люде́й. Thunder frequently deafens people.
глуш-ь, solitary, remote place	Они́ живу́т в глуши́. They live in a remote place.
о-глуш-а́ть, } о-глуш-и́ть, } to deafen, stun	Пу́шечный вы́стрел оглуши́л меня́. The gunfire deafened me.
гло́х-нуть, to grow deaf	Он стал гло́хнуть. He began to get hard of hearing.
о-гло́х-нуть, to become deaf	Ба́бушка огло́хла. The grandmother became deaf.

ГЛЯД-, GLANCE, LOOK

гляд-е́ть, to look, glance	Он гляде́л на меня́ в упо́р. He stared at me.
вы́-гляд-еть, to look	Вы хорошо́ вы́глядите. You look well.
за-гля́д-ывать, to look in, peep in	Не загля́дывайте в кни́гу. Don't look in your book.

за-гля-ну́ть(за-гля́д-нуть), to call, drop in

Загляни́те к нам ве́чером. Come to see (Call on) us tonight.

о-гля́д-ываться, } to look back, look round, turn round
о-гля-ну́ться,

Она́ ча́сто огля́дывается. She often looks back.

Не успе́ли огляну́тся как ле́то прошло́. We had hardly turned round when the summer was gone.

вз-гляд, look, view, outlook, opinion

У вас здра́вый взгляд на ве́щи. You have a sound judgment (outlook).

о-гля́д-ка, looking back

Он бежа́л без огля́дки. He ran without looking back (turning his head).

ГН-, ГОН-, CHASE, DRIVE

гн-ать, } to chase, drive, spur on, bucket, drive, chase
гон-я́ть,

Изво́зчик го́нит ло́шадь. The cabman buckets his horse.

Де́вушка гоня́ет кур с огоро́да. The girl chases the chickens out of the truck-garden.

гон-е́ние, persecution, oppression

Раско́льники подверга́лись гоне́нию. The dissenters were subjected to persecution.

го́н-ка, race, regatta

За́втра состои́тся гребна́я го́нка. The regatta will be tomorrow.

вы́-гн-ать, to drive out, turn out

Хозя́ин вы́гнал прика́зчика. The boss has turned out the clerk.

до-гон-я́ть, } to catch up, overtake
до-гн-а́ть,

Вы иди́те, я вас догоню́. Go, I will catch up with you.

из-гн-а́ние, exile

За свои́ убежде́ния он жил в изгна́нии. For his convictions he lived in exile.

обо-гн-а́ть, to leave behind, outdistance, pass by

Нас обогна́л автомоби́ль. An automobile passed us by.

по-го́н-я, chase, pursuit

В пого́не за деньга́ми Заха́ров потеря́л здоро́вье. In his pursuit of money Zakharov has lost his health.

ГНЕВ-, (ГНѢВ)-, ANGER

гнев, anger

В припа́дке гне́ва писа́тель уничто́жил ру́копись. In a paroxysm of anger the writer has destroyed his manuscript.

гнев-а́ться, to be angry, to fume

Нача́льник напра́сно гне́вался. The chief was angry for nothing.

гне́в-ный, angry

Муж бро́сил гне́вный взгляд на жену́. The husband looked angrily at his wife.

ГНЕТ-, PRESS

гнес-ти́ (гнет-ти), to oppress

Меня́ гнетёт нужда́. Poverty oppresses me.

гнёт. oppression

Наро́д изнемога́ет под гнётом ра́бства. The people are exhausted under the oppression of slavery.

у-гнет-а́ть, to oppress

Заво́дчик угнета́ет рабо́чих. The factory owner oppresses his workers.

у-гнет-ённый, oppressed, depressed

Я заста́л дру́га в угнетённом состоя́нии. I found my friend very depressed.

ГНИ-, ГНОЙ-, ROT

гни-лóй, rotten, foul	Тут пáхнет гнилóй ры́бой. There is a smell of rotten fish here.
гни-ть, to rot, decay	Сéно гниёт от сы́рости. The hay rots in the dampness.
с-гни-вáть, to rot, decay	Кóрень дéрева сгнивáет. The root of the tree is decaying.
гной, pus, matter	Из рáны сочи́тся гной. The wound is festering.

ГОВОР-, TALK

гóвор, talk, conversation	На у́лице слы́шен гóвор. Talking is heard in the street.
говор-и́ть, to speak, talk	Мы говори́м по-рýсски. We speak Russian
говор-ýн, chatterer, chatterbox	Этот студéнт стрáшный говорýн. This student is a veritable chatterbox.
вы́-говор, reprimand, rebuke, pronunciation	Отéц сдéлал вы́говор сы́ну. The father reprimanded his son.
дó-говор, treaty, agreement,	Дóговор подпи́сан. The treaty is signed.
зá-говор, plot, conspiracy	Зáговор раскры́т. The plot is discovered.
за-говóр-щик, conspirator	Заговóрщика пойма́ли. They caught the conspirator.
от-говóр-ка, excuse, pretext	Вы не отдéлаетесь отговóрками. You cannot get away with (your) excuses.
по-говóр-ка, saying, adage, proverb	Рýсский язы́к богáт поговóрками. The Russian language is rich in adages.

раз-говóр, talk, conversation	В гостúной шёл оживлённый разговóр. In the drawing-room there was animated talk.
у-говóр, agreement, understanding	Такóв был наш уговóр. Such was our understanding.
с-говор-úться, to agree, make arrangement	Мы наконéц сговорúлись. Finally we agreed upon it. (Finally we made the arrangements.)

ГОД-, YEAR, TIME, WEATHER, FIT, GOOD

год, year	В э́том годý рáнняя веснá. The spring is early this year.
год-овóй, yearly, annual	Купéц подсчúтывал годовóй дохóд. The merchant was figuring out the yearly profit.
год-овщúна, anniversary	В годовщúну смéрти Пýшкина устрóили концéрт. On the anniversary of Pushkin's death they had a concert.
по-гóд-а, weather	Сегóдня прекрáсная погóда. The weather is beautiful today.
год-úться, to suit, fit, do	Ваш словáрь мне не годúтся. Your dictionary won't do.
гóд-ный, fit, suitable	Э́та минерáльная водá годнá для питья́. This mineral water is fit (good) for drinking.
вы́-год-а, profit, gain, advantage, benefit	Нáше изобрéтение принóсит нам вы́году. Our invention brings us profit.

у-гожд-а́ть, ⎫
        ⎬ to please,
          gratify
у-год-и́ть, ⎭

На весь свет не угоди́шь. You cannot please the entire world.

На всех и со́лнце не угожда́ет. Even the sun cannot please everybody.

ГОЛ-, NAKED

го́л-ый, naked, bare

Мы спа́ли на го́лой земле́. We slept on the bare ground.

гол-ь, bareness, poverty, poor people

Голь на вы́думки хитра́. Necessity is the mother of invention.

гол-о-ле́дица, sleet, rime

На дворе́ стоя́ла гололе́дица. Outside the ground was covered with ice.

ГОР-, ГРЕ-, HILL, MOUNT. HEAT, BURN, BITTER, WOE

гор-а́, mountain

Вдали́ видне́ется крута́я гора́. A steep mountain is seen in the distance.

гор-носта́й, ermine

Горноста́й це́нное живо́тное. The ermine is a valuable animal.

го́р-ный, mountainous, mountain

Го́рные ручьи́ быстры́. The mountain streams are rapid.

го́р-ничная, maid

Го́рничная метёт пол. The maid is sweeping the floor.

при-го́р-ок, hillock

На приго́рке берёзовая ро́ща. On the hillock there is a grove of birches.

гор-е́ть, to burn

Ого́нь в камине́ гори́т я́рко. The fire in the fireplace burns brightly.

гор-я́чий, hot

Да́йте мне стака́н горя́чего ча́ю. Let me have a glass of hot tea.

гор-я́чка, high fever

Наш знако́мый заболе́л горя́чкой. Our friend (acquaintance) has been stricken with a high fever.

до-гор-а́ть, to burn low, burn out

Костёр догора́ет. The bonfire is burning low.

раз-га́р, heat, climax, full swing

Бал был в по́лном разга́ре. The ball was in full swing.

раз-гор-е́ться, to blaze, get hot

Щёки разгоре́лись от волне́ния. (His) cheeks blazed with excitement.

у-га́р, smoke, fume

От уга́ра разболе́лась голова́. The fumes gave me a headache.

у-гор-е́лый, frenzied, like a madman, as if possessed

Он вы́скочил и́з дому как угоре́лый. He rushed out of the house like a madman.

гре-ть, to warm, heat

Ма́льчик гре́ет ру́ки у пе́чки. The boy warms his hands at the stove.

под-о-гре́-ть, to warm up

Пора́ подогре́ть у́жин. It's time to warm up the supper.

со-гре́-ться, to get warm

Я ника́к не могу́ согре́ться. I simply cannot get warm.

го́р-е, grief, sorrow, misfortune

Слеза́ми го́рю не помо́жешь. There is no use crying over spilt milk. (Tears won't help one in sorrow.)

гор-ева́ть, to grieve, mourn

Она́ горю́ет по поко́йной ма́тери. She mourns for her dead mother.

гор-емы́чный, wretched, miserable

Житьё на́ше горемы́чное. Our wretched existence (life).

гóр-ечь, bitter taste, bitterness

У меня гóречь во рту́. I have a bitter taste in my mouth.

гóр-ь-кий, bitter

Хрен гóрек на вкус. The horse-radish tastes bitter.

гор-чи́ца, mustard

Я не ем горчи́цы. I don't eat mustard.

о-гор-ча́ть, to distress, vex

Не огорча́й старикóв. Don't vex the old people.

о-гор-че́ние, regret, concern, distress, sorrow, affliction

С глубóким огорче́нием мы узна́ли о ва́шей потére. With deep regret we have learned of your bereavement.

ГОРЛ-, THROAT

гóрл-о, throat

У неё боли́т гóрло. She has a sore throat.

горл-а́нить, to brawl, roar, vociferate

Толпá пья́ных горла́нит. The drunken crowd is roaring.

горл-овóй, throat

У негó горловáя болéзнь. He has a throat ailment.

о-жерéл-ье(о-герел-ие), necklace

На ней дорогóе ожерéлье. She wears an expensive necklace.

ГОТОВ-, READY

готóв-ить, to prepare, make ready

На ку́хне готóвят обéд. In the kitchen they are preparing the dinner.

готóв-ый, ready

Я готóв, пойдёмте. I am ready, let's go.

за-готóв-и́тельный, supplying, purveying

Заготови́тельный комитéт заседáет. The purveying committee is holding a conference.

на-гото́в-е, prepared, in readiness, to be on the lookout

Бу́дьте наготове. Be prepared. (Be on the lookout.)

под-гото́в-ка, preparation

Студе́нты за́няты подготовкой к экза́менам. The students are preparing (studying) for (their) examinations.

при-гото́в-ля́ть,
при-гото́в-ить, } to prepare

Брат приготовля́ет уро́к. (My) brother is preparing his lesson.

ГРАД-, ГО́РОД-, TOWN, ENCLOSURE

го́род, city, town

Москва́ столи́чный го́род. Moscow is the capital city.

город-ово́й, policeman

Городово́й стои́т на углу́ у́лицы. A policeman stands on the street corner.

город-ско́й, municipal, public

В городско́м саду́ игра́ла му́зыка. A band played in the municipal garden.

горож-а́нин, city dweller

Горожа́не ма́ло знако́мы с се́льским бы́том. City dwellers are little familiar with village customs (life).

о-горо́д, vegetable garden, truck garden

Вокру́г огоро́да была́ изгородь. There was a fence around the vegetable garden.

пере-горо́д-ка, partition

За перегоро́дкой стоя́ла крова́ть. Behind the partition there was a bed.

гражд-ани́н, citizen

Граждани́н Ло́мов произно́сит речь. Citizen Lomov is making a speech.

гражд-а́нство, citizenship

Он получи́л пра́во гражда́нства. He was admitted to citizenship.

о-град-а, fence, wall

У кладбища нет никакой ограды. The cemetery is not fenced.

пре-град-а, barrier, hindrance, obstacle

Воображение преград не знает. Imagination knows no obstacles.

ГРЕБ-, ГРАБ-, ГРОБ-, DIG, GRAB

греб-ень, comb

Ей нужен гребень. She needs a comb.

грес-ти (греб-ти), to row

Гребите к берегу. Row towards the shore.

вы-греб-ать, to rake out

Я выгребаю золу из печи. I am raking the ashes out of the stove.

по-греб-ать, to bury

Крестьяне часто погребают деньги. Often the peasants bury their money.

граб-ёж, robbery, holdup

Грабёж среди бела дня. A holdup in broad daylight.

граб-ить,
о-граб-ить, } to rob

Их вчера ограбили. They were robbed yesterday.

граб-ли, rake

Садовник принёс грабли. The gardener brought the rake.

гроб, coffin

В церкви стоит чёрный гроб. There is a black coffin in the church.

гроб-овщик, coffin maker

Читали-ли вы рассказ о гробовщике? Have you read the story about the coffin maker?

гроб-ница, tomb

Видели-ли вы гробницу Вашингтона? Did you see Washington's tomb?

за-гроб-ный, sepulchral, hollow, beyond the grave

Он произнёс это загробным голосом. He said this in a sepulchral voice.

ГРЕМ-, ГРОМ-, THUNDER, ROAR

грем-еть, to roar, rumble

За холмом гремят пушки. The guns rumble beyond the hill.

грем-учий, rattle, ring

Мы видели гремучую змею. We saw a rattlesnake.

по-грем-ушка, rattle

Ребёнок забавляется погремушкой. The child plays with a rattle.

гром, thunder

Гром грянул и пошёл дождь. A thunder-clap was heard, and it began to rain.

гром-ить, to ruin, destroy

Войска громили неприятеля. The troops were destroying the enemy.

гром-кий, loud

Она заговорила громким голосом. She spoke loudly. (She spoke in a loud voice.)

гром-о-отвод, lightning-rod

На крыше громоотвод. There is a lightning-rod on the roof.

по-гром, pogrom, massacre, devastation

Во время погрома убили его дядю. His uncle was killed during the pogrom.

раз-гром, destruction, havoc

В канцелярии полнейший разгром. There is complete havoc in the office.

ГРЕХ-, (ГРѢХ)-, SIN

грех, sin, transgression, fault

Не вспоминай грехов юности моей. Don't dwell (remind me of) upon the sins of my youth.

греш-и́ть, to sin, do wrong	Уме́й греши́ть, уме́й и ка́яться. If you know how to sin, you must know how to repent.
гре́ш-ный, sinful	Гре́шный челове́к, пью. I drink, sinful man that I am.
по-гре́ш-ность, error, mistake	В стати́стике погре́шность неизбе́жна. In statistics errors are unavoidable.

ГРОЗ-, AWE, THREAT, ROAR

гроз-а́, thunderstorm	Гро́зы у нас быва́ют ча́сто. We have frequent thunderstorms.
гроз-и́ть, to threaten, brandish	Матро́с грози́л кулако́м. The sailor brandished his fist.
гро́з-ный, threatening, menacing, terrible	Он гро́зно посмотре́л на меня́. He looked menacingly at me.
у-гро́з-а, threat, menace	Ва́ши угро́зы меня́ не страша́т. Your threats do not frighten me.
у-грож-а́ть, to threaten, menace	Он угрожа́ет что он уе́дет. He threatens that he will leave.

ГРУБ-, COARSE

груб-ия́н, rude fellow, ruffian	Како́й-то грубия́н толкну́л её. A ruffian pushed her.
гру́б-ость, rudeness, coarseness	Его́ не те́рпят за гру́бость. He is not tolerated for his rudeness.
гру́б-ый, rude, coarse	У дикаре́й гру́бые нра́вы. The savages have rude customs.

о-груб-éть, to become coarse, callous

Он огрубéл живя́ на да́льнем сéвере. Living in the far north, he became coarse.

ГРУЗ-, WEIGHT

груз, freight, cargo, load

Мы получи́ли большо́й груз. We received a large cargo.

груз-о-ви́к, truck

Грузовики́ отпра́влены в Росси́ю. The trucks were sent to Russia.

на-груж-а́ть, to load

Уже́ нагружа́ют парохо́д. They are already loading the steamer.

ГУЛ-, STROLL

гул-я́ние, promenade, walk

Сёстры пошли́ на гуля́ние. The sisters went for a walk on the promenade.

гул-я́ть, to walk

Ня́ня гуля́ет с детьми́. The nurse walks with the children.

про-гу́л-иваться, to saunter, walk

Они́ прогу́ливаются по на́бережной. They are sauntering along the quay.

про-гу́л-ка, hike, picnic

Дава́йте устро́им прогу́лку. Let's have a picnic.

раз-гу́л, revelry, riot

В каза́рме пья́ный разгу́л. There was a drunken riot in the barracks.

ГУСТ-, THICK

густ-éть, to thicken

Варéнье густéет. The jam is getting thick (syrupy).

густ-о́й, thick, dense

Мы забра́лись в густо́й лес. We came into a dense forest.

густ-отá, density, thickness

По густотé населéния э́тот гóрод на пéрвом мéсте. In density of population this city ranks first.

гу́щ-а, dregs, grounds

Онá вы́бросила кофéйную гу́щу. She threw out the coffee grounds.

Д

ДА-, GIVE

да-нь, tribute, contribution

Рýсские дóлго платúли дань татáрам. For a long time the Russians paid tribute to the Tartars.

дá-тельный, dative

Окончáние дáтельного падежá легкó запóмнить. It is easy to remember the ending of the dative case.

да-ть, to give

Мне нéчего вам дать. (I can give you nothing.) I have nothing to give you.

воз-да-вáть, to reward, render, return

Есть лю́ди, котóрые воздаю́т добрóм за зло. There are people who render good for evil.

вы́-да-ча, distribution, giving out

На пóчте вы́дача пúсем до пятú часóв. At the post-office the letters are given out until five o'clock.

за-дá-ча, problem, question

Трýдно решúть э́ту задáчу. It is difficult to solve this problem.

от-да-вáть,
от-дá-ть,   to give, render, return

Солдáт отдаёт честь полкóвнику. The soldier (returns a salute) salutes the colonel.

Нáдо отдáть емý дóлжное. One must render him his due.

по-да-ва́ть, to present, serve

Официа́нт подаёт ку́шанье. The waiter serves the food.

по-да́-тель, bearer

Пода́тель э́того письма́ мой хоро́ший знако́мый. The bearer of this letter is a good friend of mine.

по-да-я́ние, charity, alms

Ни́щий проси́л подая́ние. The beggar asked for alms.

по́д-да-нный, subject, citizen

Я америка́нский по́дданный. I am an American citizen.

пре́-да-нность, loyalty, devotion

Он изве́стен свое́й пре́данностью де́лу. He is known for his devotion to the cause.

при-да́-ное, dowry

Неве́ста получи́ла бога́тое прида́ное. The bride got a rich dowry.

про-да-ва́ть,
 про-да́-ть, } to sell

На́ша ба́бушка продала́ име́ние. Our grandmother sold her estate.

рас-про-да́-жа, sale

В магази́не за́втра больша́я распрода́жа. Tomorrow there will be a big sale in the store.

с-да́-ча, change

Я уже́ получи́ла сда́чу. I have already received the change.

у-да́-ча, success, good luck

Жела́ю вам уда́чи. I wish you success. (I wish you good luck.)

да-р, gift, present

Тала́нт — дар с не́ба. Talent is a gift from heaven.

да-рова́ние, gift, talent, endowment

У него́ музыка́льное дарова́ние. He has a talent for music.

дá-ром, nothing, gratis

Мне э́то и дáром не нáдо.
I don't want this even for
nothing.

блáго-да-ри́ть, to thank

Благодарю́ вас за любе́зность.
I thank you for your kindness.

по-да-ри́ть, to give, make a
present

Подари́те мне э́ту кни́гу.
Give me this book as a
present.

по-дáр-ок, present

Я подáрков не даю́.   I do
not give presents.

ДАВ-, FORMER, OLD, PRESS, CRUSH

дáв-ний, long, old

Мы знáкомы с дáвних пор.
We have known each other
for a long time.

дав-нó, long

Давнó-ли вы здесь?   How
long have you been here?

дáв-ность, remoteness, antiquity, long lapse of time

По дáвности я не пóмню
э́того происше́ствия.   Because of a lapse of time I do
not remember this accident.

и́з-дав-на, long ago, long
since

Э́тот порядок заведён и́з-
давна.   This order was
established long ago.

не-дáв-но, recently

Недáвно здесь был пожáр.
There was a fire here
recently.

дав-и́ть, to press, oppress,
hurt

У меня́ дáвит грудь.   My
chest hurts.

дáв-ка, crowd, press, jam

В дáвке я потеря́л кошелёк.
I have lost my purse in
the crowd.

дав-ле́ние, pressure

Барóметр оснóван на воз-
ду́шном давле́нии.   The
barometer is based on the
atmospheric pressure.

за-дав-и́ть, to run over, crush	Кого́-то задави́ли автомоби́лем. Somebody was crushed by an automobile.

ДВ-, TWO

дв-а, two	Одолжи́те мне два рубля́. Lend me two roubles.
дв-а́жды, twice	Два́жды два — четы́ре. Twice two is four.
дв-ена́дцать, twelve	В году́ двена́дцать ме́сяцев. There are twelve months in a year.
дв-о́е, two	Нас бы́ло дво́е. There were two of us.
дв-о́йка, two, two marks, pair	Учени́к получи́л дво́йку. The pupil got the grade of two.
дв-ойни́к, double	Он мой двойни́к. He is my double.
дв-ою́родный, cousin	Мой двою́родный брат в Пари́же. My cousin is in Paris.
дв-ух'эта́жный, two-storeyed	Мы живём в двух'эта́жном до́ме. We live in a two-storeyed house.

ДВЕР-, ДВОР-, DOOR, COURT, YARD

двер-ь, door	Закро́йте дверь. Shut the door.
пред-две́р-ие, beginning, entrance	Матема́тика — преддве́рие астроно́мии. Mathematics leads to (precedes) astronomy.
двор, courtyard, yard	Они́ игра́ли на дворе́. They were playing in the yard.

двор-е́ц, palace	Царь постро́ил дворе́ц. The tsar has built a palace.
двор-е́цкий, butler	Дворе́цкий ждал нас у вхо́да. The butler was awaiting us at the entrance.
дво́р-ник, janitor	Дво́рник подмета́л ле́стницу. The janitor was sweeping the stairway.
двор-яни́н, nobleman, gentleman	Дворя́не игра́ли ви́дную роль в ста́рой Росси́и. The nobility played an important role in old Russia.
при-дво́р-ный, court	Он придво́рный врач. He is a court physician.
во-двор-я́ть, во-двор-и́ть, to install, settle, bring about, establish	Годуно́в хоте́л водвори́ть поря́док в стране́. Godunov wanted to establish order in the country.

ДВИГ- MOVE

дви́г-ать, to move	Не дви́гайте рука́ми. Don't move (your) hands.
движ-е́ние, movement, traffic, motion	О́коло вокза́ла большо́е движе́ние. There is much traffic near the station.
движ-имый, movable	Нало́г на дви́жимое иму́щество упла́чен. The tax on the movable property has been paid.
дви́-нуть (двиг-нуть), to move, push	Он дви́нул стул. He moved (pushed) the chair.
за-дви́ж-ка, latch, bolt, bar	Дверь за́перта на задви́жку. The door is latched.
по́-двиг, exploit, feat, deed	Вы соверши́ли геро́йский по́двиг. You have done a heroic deed.

на-двиг-а́ться, to draw near, approach — Надвига́ется гроза́. The thunderstorm is approaching.

ДЕ-. (ДѢ)-, DO, WORK, MAKE

де́-ло, business, affair, matter, concern — Како́е вам до э́того де́ло? What does it matter to you?

де́-лать, to do, make — Что он здесь де́лает? What is he doing here?

де-лово́й, business — У них делово́й разгово́р. They are having a business talk.

де́-льный, capable, clever — Он о́чень де́льный рабо́тник. He is a capable worker.

пере-де́-лка, repair, alteration — Необходи́мо отда́ть пла́тье в переде́лку. It is necessary to alter the dress.

де́-йствовать, to act, work, function — Так де́йствовать нельзя́. It is impossible to act this way.

де́-ятель, worker, public man, statesman — Его́ зять изве́стный полити́ческий де́ятель. His son-in-law is a prominent politician.

со-де́-йствие, assistance, help, cooperation — Окажи́те ему́ соде́йствие. Give him (your) assistance.

ДЕН-, DAY

ден-ь, day — Мы рабо́таем ка́ждый день. We work every day.

дн-ева́ть, to spend all one's time — Он дню́ет и ночу́ет там. He spends all his time there.

днев-ни́к, diary — Она́ ведёт дневни́к. She keeps a diary.

еже-дн-ёвный, daily   Мы получаем ежеднёвную газёту. We get a daily newspaper.

по-дён-ный, day, by the day, time-work   Она ходит на подённую работу. She works by the day.

по-полу́-дн-и, afternoon   Я приду́ к вам в три часа́ пополу́дни. I shall come to you at three o'clock in the afternoon.

ДЕРЕВ-, ДРЕВ-, ДРОВ-, WOOD, TREE

де́рев-о, tree   Какое высокое де́рево. What a tall tree!

дерев-ёнский, village, country   Это деревёнские ребя́та. These are the village children.

дерёв-ня, village   Они живу́т в дерёвне. They live in the village.

дерев-я́нный, wooden   Мы стро́им деревя́нный сара́й. We are building a wooden barn.

дрёв-о, tree   Дрёво позна́ния добра́ и зла. The tree of knowledge.

древ-ёсный, wood   Из древёсной коры́ де́лают бума́гу. They make paper from the (wood) bark.

дров-а́, logs, firewood   Дрова́ горя́т я́рко. The logs burn brightly.

дрёв-ни, sled   Крестья́нин ёдет на дрёвнях. The peasant is riding in a sled.

дрёв-ний, ancient   Они изуча́ют дрёвнюю исто́рию. They are studying ancient history.

дрéв-ность, antiquity

В дрéвности не знáли желéза. In (remote) antiquity they did not know iron.

и́з-древ-ле, in olden days, since time immemorial

Славя́не и́здревле отличáлись гостеприи́мством. Since time immemorial the Slavs have been noted for their hospitality.

ДЕРЖ-, HOLD, RULE

держ-áва, power, state

Áнглия — велúкая держáва. England is a great power.

держ-áть, to hold

Мать дéржит ребёнка на рукáх. The mother holds the child in her arms.

вы́-держ-ать, to stand, pass

Моя́ сестрá вы́держала экзáмен. My sister passed the examination.

за-держ-áть, to detain, stop

Полúция задержáла подоврúтельного человéка. The policemen have detained a suspicious person.

под-дéрж-ка, support, encouragement

Он рассчúтывает на вáшу поддéржку. He counts on your support.

само-держ-áвие, autocracy, absolutism

Революционéры велú борьбу́ прóтив самодержáвия. The revolutionaries struggled against autocracy.

со-держ-áть, to support, keep, maintain

Онá содéржит свои́х роди́телей. She supports her parents.

ДИВ-, WONDER

ди́в-о, marvel, wonder

Что за ди́во? What wonder?

ди́в-ный, wonderful, delightful

Пéред нúми откры́лся ди́вный вид. A wonderful view spread before them.

у-див-ля́ться, } to wonder, to
у-див-и́ться, } be amazed

Я удивля́юсь ва́шему терпе́нию. I am amazed at your patience.

у-див-ле́ние, amazement, astonishment, surprise

Он посмотре́л на неё с удивле́нием. He looked at her in amazement.

ДИК-, WILD

дик-а́рь, savage

Дикари́ встреча́ются и тепе́рь. One comes across savages even now.

ди́к-ий, wild

На о́зере мно́го ди́ких у́ток. There are many wild ducks on the lake.

ди́к-ость, savagery, brutality

Остро́вский описа́л ди́кость купе́ческих нра́вов. Ostrovsky described (presented) the brutality of the life of the merchants.

ич-ь, game, nonsense

Они́ охо́тятся за ди́чью. They are hunting game.

Что за дичь! What nonsense!

ДОЛГ-, DEBT

долг, debt

Я уже́ заплати́л долг. I have already paid (my) debt.

долж-ни́к, debtor

Тепе́рь он не должни́к. Now he is no longer a debtor.

до́лж-ность, position, employment

Она́ получи́ла хоро́шую до́лжность. She has secured a good position.

за-долж-а́ться, to be indebted, to run into debt

Мы о́чень задолжа́лись. We have run into debt.

о-долж-éние, favor, service

Пожáлуйста сдéлайте мне одолжéние. Please do me a favor.

ДОЛГ-, ДЛИН-, LONG

дóлг-ий, long

Дóлгое путешéствие нас утомúло. The long journey has fatigued us.

долг-отá, longitude

На какóй долготé нахóдится Ленингрáд? What is the longitude of Leningrad?

про-долж-áться, to continue, go on

Концéрт продолжáлся до полýночи. The concert went on until midnight.

длин-á, length

Он растянýлся во всю длинý. He sprawled his full length.

длúн-ный, long

В Сан Францúско óчень длúнный мост. The bridge in San Francisco is very long.

длú-тельный, lengthy, protracted, lingering

Длúтельный перúод болéзни. A lingering illness. A protracted period of illness.

ДОБ-, FIT

у-дóб-ный, convenient, favorable

Воспóльзуемся удóбным слýчаем. Let us take advantage of the favorable opportunity.

у-дóб-ство, convenience, comfort

У них квартúра со всéми удóбствами. They have an apartment with all the conveniences.

по-дóб-ный, similar, like

Я ничегó подóбного не вúдела. I have never seen anything like it.

с-дóб-ный, rich dough

К зáвтраку пóдали сдóбные бýлки. For breakfast they served sweet buns.

ДОБР-, GOOD, KIND

дóбр-ый, good, kind

Егó любят за дóбрый нрав. They like him for his kindness.

добр-одéтель, virtue

Добродéтель не всегдá торжествýет. Virtue is not always triumphant.

добр-отá, kindness, goodness

Я признáтелен за вáшу добротý. I am grateful for your kindness. I appreciate your kindness.

добр-о-сóвестный, conscientious

Онá добросóвестная студéнтка. She is a conscientious student.

у-добр-éние, fertilizer

Эта пóчва нуждáется в удобрéнии. This soil needs fertilizing.

ДОМ-, HOME, HOUSE

дом, home, house

У нас сóбственный дом. We have our own home.

дом-áшний, domestic, homemade

Кóшка — домáшнее живóтное. The cat is a domestic animal.

дом-овóй, house spirit

В домовы́х и тепéрь ещё вéрят. Even now some believe in house spirits.

дом-осéд, stay-at-home

Мой муж домосéд. My husband is a stay-at-home person.

ДР-, ДАР-, ДИР-, ДОР-, ДЫР-, TEAR, BREAK

др-а́ка, fight	На ми́тинге произошла́ дра́ка. There was a fight at the meeting.
др-а́ться, to fight	Де́ти деру́тся на у́лице. Children are fighting on the street.
др-ачу́н, fighter, bully, squabbler	Ва́нька большо́й драчу́н. Vanya is a great bully.
у-да́р, blow	Он нанёс ей си́льный уда́р. He dealt her a severe blow.
у-дар-е́ние, accent, stress	Ударе́ние(лежи́т) на второ́м сло́ге. The accent falls on the second syllable.
у-дар-я́ть, } to beat, strike, у-да́р-ить, } ring, toll	Уда́рили в ко́локол. They tolled the bell. (The bells tolled.)
при-ди́р-ка, fault-finding, cavil, quibble	Э́то не бо́льше как приди́рка. This is merely a quibble.
раз-дир-а́ть, to tear, break	Её слёзы раздира́ют мне се́рдце. Her tears break my heart.
вз-дор, nonsense	По́лно говори́ть вам вздор. Stop talking nonsense.
за-до́р, fervour, heat, energy	Он рабо́тал с ю́ношеским задо́ром. He worked with youthful fervour.
раз-до́р, discord, quarrel	Ме́жду ни́ми раздо́р. A discord rose between them
дыр-а́, hole	Я заштопала дыру́. I have darned the hole.
дыр-я́вый, torn, ragged	На ней бы́ло дыря́вое пла́тье. She wore a ragged dress.
обо-др-а́нец, tramp	Ко мне подошёл ободра́нец. A tramp came up to me.

ДРАЗ-, TEASE

драз-ни́ть, to tease

Не дразни́те соба́ку. Don't tease the dog.

раз-драж-а́ть, to irritate

Шум раздража́ет меня́. The noise irritates me.

раз-драж-е́ние, exasperation, irritation

В поры́ве раздраже́ния он наговори́л де́рзостей. In a moment of exasperation he made impertinent remarks.

ДРОГ-, SHUDDER, TREMBLE

дро́г-нуть, to shudder, tremble, hesitate

У него́ не дро́гнет рука́ уби́ть её. His hand will not hesitate to kill her. (He will make no scruple to kill her.)

дрож-а́ть, to tremble, shake, shiver

Переста́ньте дрожа́ть. Stop shivering.

дрож-ь, trembling, shiver, shudder

Меня́ охвати́ла дрожь. I shiver.

вз-дра́г-ивать,) to start,
вз-дро́г-нуть,) wince

Она́ вздро́гнула от испу́га. She started in fear.

про-дро́г-нуть, to be chilled, to be chilled to the marrow

Мы промо́кли и продро́гли. We got wet and were chilled to the marrow.

ДРУГ-, ДОРОГ-, FRIEND, DEAR, ROAD

друг, friend

Ста́рый друг лу́чше но́вых двух. An ·old friend is better than two new ones.

дру́ж-ба, friendship

Ме́жду ни́ми завяза́лась те́сная дру́жба. An intimate friendship sprang up between them.

дру́ж-еский, friendly

Вот вам дру́жеский сове́т. Here is my friendly advice to you.

друж-и́на, bodyguard

Князь пиру́ет с дружи́ной. The prince feasts with his bodyguard.

друж-и́ть, to be friends with, to be on friendly terms

Я бо́льше не дружу́ с ней. I am no longer her friend.

дорог-о́й, dear

Дорого́й мой друг. My dear friend.

дорож-а́ть, to rise in price

Тепе́рь всё дорожа́ет. Now everything is rising in price.

дорож-и́ть, to value, prize

Я дорожу́ ва́шим внима́нием. I value (appreciate) your attention (favor).

драг-о-це́нный, precious

Кольцо́ с драгоце́нным ка́мнем. The ring with a precious stone.

доро́г-а, road

Мы е́здили по большо́й доро́ге. We were driving along the highway.

доро́ж-ный, travelling

Захвати́те ваш доро́жный костю́м. Take your travelling suit.

ДУ-, ДУХ-, ДЫХ-, BLOW, BREATH, SPIRIT

ду-нове́ние, whiff, breath

Дунове́ние ветерка́ разбуди́ло меня́. A whiff of wind awoke me.

ду-ть, to blow

Здесь ду́ет. There is a draught here.

на-ду-ва́ть,
на-ду́-ть, } to deceive, fool

Адвока́т наду́л своего́ клие́нта. The lawyer deceived his customer.

о-ду-ва́нчик, dandelion

Одува́нчик растёт в по́ле. A dandelion grows in the field.

дух, spirit, mind	Он сохранйл бо́дрость ду́ха. He has preserved his mental vigour.
дух-о́вный, spiritual	Нельзя́ жить одно́й духо́вной пи́щей. One cannot live on spiritual food alone.
душ-а́, soul	Говори́ли о бессме́ртии души́. They spoke about the immortality of the soul.
душ-и́ть, to choke, suffocate	Меня́ ду́шат слёзы. Tears choke me.
дых-а́ние, breathing	У неё захвати́ло дыха́ние. She was out of breath.
о́т-дых, rest	Им необходи́м о́тдых. They must have a rest.
от-дых-а́ть, от-дох-ну́ть, } to rest	Порабо́тали, пора́ и отдохну́ть. You have done the work, now it's time to rest.
о-душ-евля́ть, о-душ-еви́ть, } to animate, inspire	Поэ́ты ча́сто одушевля́ют приро́ду. Poets often animate nature.

ДУМ-, THOUGHT

ду́м-а, thought, meditation	До́лгая ду́ма, ли́шняя скорбь. A long meditation brings unnecessary sadness.
ду́м-ать, to think, ponder	О чём вы ду́маете? What are you thinking about?
вы́-дум-ать, to invent, devise	Я не вы́думал э́того. I did not invent it.
за-ду́м-чивость, thoughtfulness, musing	Она́ ходи́ла в заду́мчивости. She walked about musing.
об-ду́м-ать, to think, consider	Э́тот вопро́с на́до обду́мать. We must consider this matter.

при-ду́м-ать, to devise, con-
    coct, invent

Приду́мали-ли вы что́-
    нибудь? Have you con-
    cocted anything?

ДУР-, FOOL

ду́р-а, foolish woman

Что за ду́ра! What a fool!
    (What a foolish woman!)

дур-а́к, fool

Он уж не тако́й дура́к. He
    is not such a fool.

дур-но́й, bad, poor

Не подава́йте дурно́го
    приме́ра. Don't give a bad
    example.

дур-и́ть, to fool

Вы всё дури́те. You are still
    fooling.

дур-ь, rubbish, foolishness

Его́ голова́ наби́та ду́рью.
    His head is stuffed with
    foolishness.

о-дур-е́ть, to grow stupid

От ста́рости он совсе́м оду-
    ре́л. Because of age he
    has grown quite stupid.

с-ду́р-у, out of stupidity

Она́ сболтну́ла сду́ру. She
    blabbed out of stupidity.

E
ЕД-, (ѢД)-, ЯД-, FOOD, POISON

ед-а́, food

Еда́ ему́ не впрок. The food
    does not do him any good.

е́д-кий, biting, sharp, caustic

Он изве́стен свое́й е́дкой
    иро́нией. He is known for
    his caustic irony.

е-сть, to eat

Она́ совсе́м переста́ла есть.
    She has stopped eating.
    (She has completely lost
    her appetite.)

с'е-до́б-ный, (съѣд-доб-ный), edible

Эти грибы́ с'едо́бны. These mushrooms are edible.

об-е́д, dinner

Обе́д на столе́. The dinner is on the table.

об-е́д-ня, mass

В це́ркви слу́жат обе́дню. They are saying mass in the church.

надо-ед-а́ть,⎫ to weary, tire,
надо-е́-сть, ⎭ annoy

Эта рабо́та мне надое́ла. This work wearies me.

надо-е́д-ливый, tiresome, annoying

Како́й вы надое́дливый челове́к. What a tiresome person you are.

яд, poison

Вме́сто лека́рства ей да́ли яд. Instead of medicine they gave her poison.

яд-ови́тый, poisonous, venomous

Ядови́тая змея́ ползла́ по траве́. A venomous snake was crawling in the grass.

я́-ства, food, viands

На блю́дах по́дали вку́сные я́ства. Tasty viands were served on platters.

ЕДИН-, ОДИН-, ONE, UNIT

един-е́ние, unity

В едине́нии си́ла. In unity there is power.

един-и́ца, unit

До́ллар — де́нежная едини́ца. The dollar is a monetary unit.

един-и́чный, unique

Это едини́чный слу́чай. This case is unique.

еди́н-ство, unity, union, concord, unanimity

Вам изве́стно еди́нство на́ших стремле́ний. You know the unanimity of our aspirations.

об'един-и́ть, to unite, unify

Опа́сность их об'едини́ла. Danger united them.

у-един-е́ние, solitude, retirement

Он жил в уедине́нии. He lived in solitude. (He lived a solitary life.)

оди́н, one, single

Оди́н в по́ле не во́ин. One soldier does not make a regiment.

один-о́кий, one, alone, solitary, lonely

В овра́ге стои́т одино́кий до́мик. There is a lonely little house in the ravine.

один-о́чество, solitude, single life, loneliness

Я обречён на одино́чество. I am doomed to loneliness.

одн-а́жды, once

Одна́жды она́ чуть не утону́ла. Once she was almost drowned.

ЕЗД-, (ѢЗД)-, RIDE

езд-а́, ride, riding, driving

Меня́ утомля́ет верхова́я езда́. Horseback riding tires me.

е́зд-ить, to ride, drive

Мы е́здим в го́род ка́ждый день. We drive (go) to the city every day.

езд-о́к, rider, horseman

Вы прекра́сный ездо́к. You are an excellent horseman.

е́-хать, to ride, travel

Они́ е́хали по желе́зной доро́ге. They went (travelled) by train.

вы-езж-а́ть, } to go away,
вы́-е-хать, } leave, move out

Мы выезжа́ем из э́той кварти́ры. We are moving out of this apartment.

на-е́зд-ница, equestrienne

Циркова́я нае́здница упа́ла с ло́шади. The circus equestrienne fell down (off her horse).

под'-е́зд, porch, entrance

Швейца́р стоя́л у под'е́зда. The porter stood at the entrance.

при-е́зд, arrival, coming	Мы ждём приезда отца́. We are expecting (the arrival of) our father.
про-е́зд, passage, fare	Я заплачу́ за ваш прое́зд. I am going to pay for your passage.
у-е́зд, district	В на́шем уе́зде мно́го иностра́нцев. There are many foreigners in our district.

ЕМ-, ИМ-, Я-, POSSESS, HAVE

за-ём, loan	В ба́нке мо́жно сде́лать заём. One can get a loan at the bank.
за-йм-ствовать, to imitate, borrow	Он мно́го займствовал от Го́голя. He borrowed a great deal from Gogol.
за-н-им-а́ть, за-н-я́-ть, } to borrow	Займи́те для меня́ э́ти де́ньги. Borrow this money for me.
им-е́ть, to have	Он име́ет о вас дурно́е мне́ние. He has a poor opinion of you.
им-е́ние, estate	Их име́ние про́дано с торга́. Their estate was auctioned off.
им-у́щество, property, belongings	Всё её иму́щество сгоре́ло. She lost all her belongings in the fire.
вн-им-а́ние, attention	Обрати́те внима́ние на э́то. Pay attention to this.
вос-при-н-им-а́ть, to take, perceive, to be receptive, to be susceptible	Ребёнок бы́стро восприни-ма́ет впечатле́ния. A child is very susceptible to impressions. A child quickly receives impressions.
на-ём, rent, hiring, lease	Эта ко́мната отдаётся в наём. This room is for rent.

на-н-им-а́ть,
на-н-я́-ть, } to hire

В конто́ре нанима́ют слу́жащих. In the office they are hiring employees.

Нам на́до наня́ть прислу́гу We must hire a maid.

под'-ём, ascent, rise

На́ гору был круто́й под'ём. The ascent up the hill was steep.

под-н-им-а́ть,
под-н-я́-ть, } to lift, raise, heave

Я поднима́ю тя́жесть. I am lifting a heavy load.

Ему́ бы́ло хо́лодно и он по́днял воротни́к. He was cold, and he turned up (raised) his collar.

при-ём, reception, office-hours, hours of business

У до́ктора приём от девяти́ часо́в утра́. The physician's office hours start at nine in the morning.

при-н-им-а́ть,
при-н-я́-ть, } to receive, entertain

Они́ ча́сто принима́ют госте́й. They often entertain visitors.

Его́ при́няли раду́шно. He received a hearty welcome.

при-я́-тель, friend

Э́то мой прия́тель. This is my friend.

при-я́-тный, pleasant

Мы получи́ли прия́тную но́вость. We received pleasant news.

сн-им-а́ть,
сн-я́-ть, } to take, take off

Я снима́ю пальто́. I am taking off my coat.

С него́ сня́ли фотогра́фию. They took his picture (his photograph).

сн-им-ок, photograph, snap-shot

Э́тот сни́мок неуда́чен. This is a bad (poor) photograph.

Ж

ЖАД-, GREED

жа́д-ничать, to be greedy

Не́чего вам жа́дничать. You don't have to be greedy.

жа́д-ность, greed, avidity, cupidity

Он ел с жа́дностью. He ate greedily (with greed).

жа́д-ный, greedy, rapacious

Вся́кий зна́ет что во́лки жа́дны. Everybody knows that wolves are greedy.

жа́жд-а, thirst, craving

Меня́ томи́ла жа́жда. I suffered from thirst.

жа́жд-ать, to thirst, crave, long for

Он жа́ждет сла́вы. He is longing for fame.

ЖАЛ-, PITY, FAVOR, PLAINT

жал-е́ть, to pity, to be sorry, regret

Она́ жале́ет э́ту сироту́. She pities this orphan.

жа́л-кий, pitiful, sad, sorry, lamentable

Семья́ нахо́дится в жа́лком положе́нии. The family is in a sorry plight.

жа́л-оба, complaint, grievance

Мы по́дали на него́ жа́лобу. We made a complaint about him.

жа́л-обный, plaintive, sad

Послы́шался жа́лобный крик A plaintive cry was heard.

жал-ь, what a pity, pity, (I am) sorry

О́чень жаль, что вы не пришли́. What a pity that you did not come!

со-жал-е́ние, pity, compassion, regret

Она́ посмотре́ла на них с сожале́нием. She looked at them with compassion.

со-жал-е́ть, to regret, to be sorry

Я сожале́ю что так вы́шло. I am sorry that it happened so.

жа́л-о, sting	Нет пчелы́ без жа́ла. There is no bee without a sting.
жа́л-ование, жа́л-ованье, } pay, salary	Ему́ приба́вили жа́лованье. They gave him a raise.
жа́л-овать, to give, grant, favor, like	Про́сим его́ люби́ть и жа́ловать. We beg you to be kind and gracious to him.

ЖАР-, HEAT

жар- heat, temperature, fever, ardor	У меня́ си́льный жар. I have a high temperature. (I am running a fever.)
жар-а́, heat	Стоя́ла невыноси́мая жара́. It was unbearably hot.
жа́р-ить, to fry	Куха́рка жа́рит ры́бу. The cook is frying the fish.
жа́р-кий, hot, warm	Сего́дня жа́ркий день. Today is a warm day. (It is hot today.)
по-жа́р, fire	Вчера́ был большо́й пожа́р. There was a big fire yesterday.
по-жа́р-ный, fireman	Пожа́рный упа́л с ле́стницы. The fireman fell from the ladder.

ЖГ-, ЖЕГ-, ЖИГ-, ЖОГ-, BURN

жг-у́чий, burning, scorching, smarting	Жгу́чая боль не даёт мне поко́я. The smarting pain gives me no rest.
жеч-ь (жег-ть), to burn	Мы жжём дрова́. We are burning the logs.
с-жиг-а́ть, с-жеч-ь, } to burn	Они́ сожгли́ все докуме́нты. They burned all the documents.

раз-жиг-а́ть, to kindle, inflame, start — Го́рничная разжига́ет ками́н. The maid is starting the fire in the fireplace.

со-жж-е́ние (со-жьг-ение), burning, cremation — В И́ндии тру́пы предаю́тся сожже́нию. In India the dead are cremated.

со-жж-ённый, scorched, burnt — Сожжённая со́лнцем трава́ побле́кла. The grass scorched in the sun has wilted.

из-жо́г-а, heartburn — Всю ночь его́ му́чила изжо́га. All night long he suffered from heartburn.

под-жо́г, arson, setting fire — Их суди́ли за поджо́г. They were tried for arson.

ЖЕЛ-, WISH

жел-а́ние, wish, desire, accord, will — Я поступи́л так по моему́ со́бственному жела́нию. I acted thus in accordance with my own wishes (will) (at my will).

жел-а́-тельный, desirable — Ва́ше прису́тствие бы́ло бы о́чень жела́тельно. Your presence would be very desirable.

жел-а́ть, to wish — Жела́ю вам сча́стья. I wish you happiness. (I wish you good luck.)

благо-жел-а́тель, well-wisher, well-disposed — Смирно́в его́ благожела́тель. Smirnov is his well-wisher.

добро-жел-а́тельный, benevolent, friendly, well-wishing — Спаси́бо вам за ва́ше доброжела́тельное отноше́ние. Thank you for your friendly attitude (for your kindness).

по-жел-а́ние, wish — Мы шлём вам наилу́чшие пожела́ния. We are sending you our best wishes.

по-жел-а́ть, to wish	Позво́льте пожела́ть вам счастли́вого пути́. May I wish you a happy journey.

ЖЕЛТ-, YELLOW

желт-е́ть, to yellow	Вдали́ желте́ет подсо́лнух. A sunflower yellows in the distance.
желт-о́к, yolk	Возьми́те два желтка́. Take two yolks.
желт-у́ха, jaundice	Мой сын бо́лен желту́хой. My son suffers from jaundice.
жёлт-ый, yellow	На ней жёлтое пла́тье. She is wearing a yellow dress.
жёлч-ь, gall, bile	У него́ разлила́сь жёлчь. He has trouble with his gall bladder.
жёлч-ный, bilious, irritable, choleric, irascible	Како́й вы жёлчный челове́к. How irritable you are.
по-желт-е́ть, to grow yellow, become yellow	Трава́ пожелте́ла. The grass has turned yellow.

ЖЕЛЕЗ-, (ЖЕЛѢЗ)-, IRON

желе́з-о, iron	В э́тих гора́х добыва́ют желе́зо. In these mountains iron (ore) is mined.
желе́з-ный, iron	Росси́я бога́та железно́й рудо́й. Russia abounds in iron ore.
желез-ня́к, bloodstone, hematite	Железня́к краснова́того цве́та. The hematite is of a reddish color.
желез-но-доро́жный, railway, railroad	В э́той дере́вне нет железно-доро́жной ста́нции. There is no railway station in this village.

ЖЕН-, WOMAN

жен-а́, wife

У него́ молода́я жена́. He has a young wife.

жен-а́тый, married

Жена́тый челове́к забо́тится о свое́й семье́. A married man takes care of his family.

жен-и́ть, to marry

Вот мы его́ и жени́ли. And so we married him.

жен-и́-тьба, marriage

Они́ заговори́ли о жени́тьбе. They began to talk about marriage.

жен-и́х, bridegroom

В це́ркви ждут жениха́. The bridegroom is expected at the church.

же́н-ский, feminine, woman's

Э́то де́ло же́нское. This is a woman's occupation. (This is a woman's concern.)

же́н-ственность, effeminacy

Его́ же́нственность по́ртит ему́ карье́ру. His effeminacy is ruining his career.

же́н-щина, woman

Она́ хоро́шая же́нщина. She is a nice woman.

ЖЕРТ-, ЖР-, SACRIFICE

же́рт-ва, victim, sacrifice

Мне же́ртвы не нужны́. I do not want (need) sacrifice.

же́рт-вовать, to sacrifice

Он же́ртвует свое́й жи́знью. He sacrifices his life.

по-же́рт-вование, offering, donation, gift

Здесь собира́ют поже́ртвования. Donations are accepted here.

жр-ец, priest, druid

Жрец заколо́л ягнёнка. The priest slaughtered the lamb.

жр-е́ческий, priest's, priestly

Жре́ческий жезл лежа́л о́коло алтаря́. The priest's staff lay near the altar.

ЖЕСТ-, STIFF, HARD

жёст-кий, stiff, hard, tough

Щётка из жёсткой щети́ны. The brush (made) of stiff bristles.

жест-о́кий, cruel, harsh

Жесто́кий никого́ не жале́ет. A cruel person does not pity anyone.

жест-ь, tin

Э́та кру́жка сде́лана из же́сти. This jug is made of tin.

жест-я́нка, tin, tin can

За неиме́нием стака́на мы пи́ли из жестя́нки. For lack of a glass we drank out of a tin can.

жест-яно́й, tin, pewter

На столе́ была́ жестяна́я посу́да. There were some tin dishes on the table.

ЖИ-, LIFE

жи-знь, life, living, existence

Жизнь его́ висе́ла на волоске́. His life was hanging by a thread.

жи́-тель, inhabitant, resi-dent, dweller

Жи́тели городо́в всегда́ спеша́т. The city dwellers are always in a hurry.

жи-ть, to live, stay, exist

Мы живём недалеко́ отсю́да. We live not far from here.

жи-тьё, life, existence

Их житьё не сла́дкое. Their life is not easy.

жи-во́й, living

В дере́вне мы не встре́тили ни одно́й живо́й души́. In the village we did not meet a single person (a single living soul).

жи-вóт, stomach, abdomen

У ребёнка болúт живóт. The child has a stomachache.

жи-вóт-ное, animal

Я люблю́ живóтных. I like animals.

жи-вýчий, tenacious of life

Он живýч, как кóшка. He has nine lives like a cat.

жи-лéц, tenant, boarder

Наш жилéц инженéр. Our tenant is an engineer.

жи-лúще, abode, dwelling, residence

Не вúдно ни одногó жилúща. Not a single dwelling was to be seen.

вы́-жи-ть, to survive, drive out, get rid, turn out

Мы насúлу егó вы́жили. We could hardly get rid of him.

жú-вопись, painting

Я интересýюсь жúвописью. I am interested in painting.

нá-жи-ва, gain, profit

Этот делéц гóнится тóлько за нáживой. This businessman is looking only for profit.

по-жи-лóй, middle-aged

Учúтель, пожилóй человéк, вы́шел в отстáвку. The teacher, a middle-aged man, resigned.

у-жú-ться, to live in harmony, to live peacefully, to get on

С такúми людьмú трýдно ужúться. With such people it is difficult to live peacefully. (It is difficult to get on with such people.)

3

ЗВ-, ЗОВ-, ЗЫВ-, CALL

зв-áние, calling, social position, rank

Сюдá собрáлись лю́ди вся́кого звáния. People of all walks of life gathered here.

зв-ать, to call, name

Как вас звать? (Как вас зовýт?) What is your name?

воз-зв-а́ние, proclamation

Мы чита́ли воззва́ние. We were reading the proclamation.

на-зв-а́ть, to name

Он непра́вильно назва́л э́тот минера́л. He named this mineral incorrectly.

по-зв-а́ть, to call, summon

Я позову́ вас когда́ вы мне бу́дете нужны́. I shall call you when I need you.

со-зв-а́ть, to summon, invite, call

На́до созва́ть комите́т. We must call the committee. (It is necessary to call the committee.)

зов, call, summons, invitation

Вы не отве́тили на мой зов. You did not answer my call.

вы́-зов, challenge, defiance, summons

В его́ слова́х слы́шался вы́зов. Defiance was heard in his words.

вы-зыв-а́ть, to call, call up, send for, evoke

Меня́ вызыва́ют по телефо́ну. Someone is calling me over the telephone. (I am wanted on the 'phone.)

о́т-зыв, reference, mention, declaration, recall, recommendation, record

О вас име́ются ле́стные о́тзывы. We have a good record about you.

ЗВОН-, ЗВ-, ЗВУК-, RINGING, SOUND

звон, ringing, sound

Я услы́шал звон разби́той посу́ды. I heard the sound of broken dishes.

звон-и́ть, to peal, toll, ring

Звоня́т в колокола́. They are ringing the bells.

звен-е́ть, to ring, clank, tinkle

По́рванная струна́ звени́т. The broken string is ringing.

звон-кий, loud, clear

Ора́тор говори́л зво́нким го́лосом. The orator spoke in a clear voice.

звон-о́к, bell	Послы́шался звоно́к в дверя́х. The bell rang at the door.
звон-а́рь, bell-ringer	Звона́рь подня́лся на колоко́льню. The bell-ringer climbed to the belfry.
по-звон-и́ть, to ring up, call up	Позвони́те ему́ по телефо́ну. Call him up over the 'phone.
до-звон-и́ться, to ring up	Я ника́к не могу́ дозвони́ться. I cannot get any answer.
звук, sound, tone	И́з лесу доно́сятся таи́нственные зву́ки. Mysterious sounds come from the woods.
звук-ово́й, sound, sounding	Звуковы́е во́лны передаю́тся по ра́дио. The sound waves are transmitted over the radio.
звуч-а́ть, to sound	Э́тот роя́ль звучи́т осо́бенно хорошо́. This piano sounds particularly well. (The tone of this piano is particularly good.)
звуч-ный, loud, resonant, deep-toned	Э́то зву́чный инструме́нт. This instrument has a good tone.
звуч-ность, sonorousness	По зву́чности италья́нский язы́к стои́т на пе́рвом ме́сте. For its sonorousness the Italian language ranks first.

ЗВЕР-, BEAST

звер-и́нец, menagerie, zoological garden	В воскресе́нье мы бы́ли в звери́нце. On Sunday we were at the zoological garden.

звер-и́ный, animal, wild

В Сиби́ри занима́ются зве-
ри́ным про́мыслом.   In
Siberia they hunt wild
animals.

звер-ь, animal

Они́ охо́тились на пушны́х
звере́й. They were hunting
the fur-bearing animals.

звер-ство, brutality

Кто спосо́бен на тако́е звер-
ство? Who is capable of
such brutality?

звер-ствовать, to behave with
brutality, to be cruel, brutal

Что он так зве́рствует? Why
is he so brutal?

ЗД-, BUILD, CREATE

зд-а́ние, building

Архите́ктор вы́строил но́вое
зда́ние. The architect has
constructed a new building.

со-зд-а́ние, creature

Како́е ми́лое созда́ние! What
a dear little creature!

со-зд-а́тель, creator, author

Маркс созда́тель но́вого эко-
номи́ческого уче́ния. Marx
is the author of the new
economic theory.

ЗДОРОВ-, ЗДРАВ- HEALTH

здоро́в-ый, healthy, sound

Здоро́вому ничего́ не с ра́ш-
но. A healthy man is not
afraid of anything.

здоро́в-ье, health

Как ва́ше здоро́вье? How
are you? (How is your
health?)

вы́-здоров-еть, to get well,
recover

Она́ ско́ро вы́здоровела. She
got well soon.

вдоро́в-аться, to greet, shake hands

Я заме́тил его́ когда́ он здоро́вался с гостя́ми. I noticed him when he was greeting (shaking hands with) the guests.

здра́в-ствовать, to be well, to thrive

Здра́вствуйте! How do you do? (How are you?)

Дай Бог вам здра́вствовать надо́лго. May the Lord grant you a long life.

здра́в-ый, sound, sane

У него́ здра́вый рассу́док. He has a sound mind.

по-здра́в-ить, to congratulate

Позво́льте поздра́вить вас. Let me congratulate you.

ЗЕЛ(ЕН)-, GREEN

зе́л-ье, potion, draught

Она́ напои́ла меня́ каки́м-то зе́льем. She gave me some kind of a potion to drink.

зелен-е́ть, to become green, look green

Всё зелене́ет вокру́г. Everything round us looks green.

зелен-ова́тый, greenish

Морска́я вода́ ка́жется зеленова́тою. The salt (sea) water seems to be greenish.

зелён-ый, green

На дере́вьях уже́ видна́ зелёная листва́. Green foliage has already appeared on the trees.

зелен-щи́к, greengrocer

Зеленщи́к продаёт о́вощи. The greengrocer sells vegetables.

зе́лен-ь, vegetable, green

Вам ну́жно есть побо́льше зе́лени. You must eat more (green) vegetables.

ЗЕМ-, EARTH

вем-ля́, earth, soil, ground	Снег ещё лежи́т на земле́. The snow is still on the ground.
зем-ля́к, fellow countryman	Серге́й мой земля́к. Sergey is my countryman.
зем-ляни́ка, strawberry	Земляни́ка вку́сная я́года. The strawberry is tasty.
зем-ля́нка, mud hut	Они́ жи́ли в земля́нке. They lived in a mud hut.
зем-но́й, earthly, terrestrial	Земно́й шар враща́ется вокру́г оси́. The earth turns around its axis.
зем-ле-владе́лец, landowner	Землевладе́лец осма́тривает свои́ поля́. The landowner inspects (surveys) his fields.
зем-ле-де́лие, tilling, agriculture	Крестья́не занима́ются земледе́лием. The peasants are cultivating the land.
зем-ле-трясе́ние, earthquake	В Калифо́рнии ча́сто быва́ют землетрясе́ния. There are frequent earthquakes in California.
под-зе́м-ный, underground, subterranean	Тут идёт подзе́мная желе́зная доро́га. The subway runs here.
ту-зе́м-ец, native, aborigines	В Сиби́ри мно́го тузе́мцев. There are many aborigines in Siberia.

ЗИ-, ЗЕ-, GAPE, OPEN, YAWN

зи-я́ть, to gape, yawn, open	Пе́ред ни́ми зия́ла про́пасть. A precipice yawned before them.
зи-я́ющий, gaping, open	Я уви́дел зия́ющую ра́ну. I saw an open wound.

зев-а́ка, lounger, idler

По у́лице ходи́ла толпа́ зева́к. A throng of idlers moved along the street.

зев-а́ть, ⎫
зёв-ну́ть, ⎬ to yawn

Я всё вре́мя зева́ю. I am yawning all the time.

Он раз зевну́л и засну́л. He yawned once and fell asleep.

зев-ота́, yawn

Она́ подави́ла зевоту́. She stifled a yawn.

про-зев-а́ть, to miss

Мы прозева́ли наш по́езд. We missed our train.

рото-зе́й, loafer

Ротозе́й попа́л в кана́ву. The loafer fell into a ditch.

ЗЛ-, EVIL, WICKED, ANGRY

зл-ить, to anger, provoke, vex, irritate

Не зли меня́. Don't vex me.

зл-о, evil, harm, ill, wrong

Я не жела́ю ему́ зла. I do not wish him harm.

зл-о́ба, fury, malice, spite, wickedness

В его́ груди́ кипе́ла зло́ба. He was boiling over with spite.

зл-о́бный, wicked, malicious, angry

Вы бро́сили на неё зло́бный взгляд. You looked angrily (daggers) at her.

зл-ой, evil, wicked

У неё злой нрав. She has a wicked temper.

зл-ость, anger, ill-naturedness

Я да́же покрасне́л от зло́сти. I even turned red with anger.

зл-ю́ка, spitfire

Ну и злю́ка же ты! What a spitfire you are!

зл-ю́щий, furious

Он верну́лся домо́й злю́щий презлю́щий. He came home simply furious.

зл-о-дéй, rascal, villain, malevolent person

Кто сам себé злодéй? Who wishes harm to himself?

зл-о-пáмятный, spiteful, rancorous

Злопáмятный человéк ищет мéсти. A spiteful man looks for revenge.

зл-о-умы́шленник, malefactor

Злоумы́шленника уличи́ли. The malefactor was caught red-handed.

о-зл-о-блéние, anger, wrath, exasperation

Озлоблéние нарóда привелó к револю́ции. The people's wrath led to a revolution.

ЗНА-, KNOW

зна-к, sign, token, mark, symbol

В знак соглáсия он кивнýл головóй. He nodded his head as a sign of consent.

зна-кóмый, acquaintance

Этот господи́н мой знакóмый. This gentleman is an acquaintance of mine.

зна-мени́тый, famous, distinguished

Он знамени́тый хирýрг. He is a famous surgeon.

знá-мя, banner

Рабóчие несли́ крáсное знáмя. The workmen were carrying a red banner.

знá-ние, knowledge, learning, science

Вся́кое дéло трéбует знáния. Any kind of work requires knowledge (skill).

знá-ть, to know, to be informed, to be skilled

Нельзя́ всегó знать. One cannot know everything.

знá-чить, to mean

Что это знáчит? What does it mean?

на-зна-чáть, to appoint

Егó назначáют начáльником отдéла. He was appointed the head of the department.

по-зна-кóмить, to acquaint, make one's acquaintance, to introduce

Я хочý вас познакóмить с ними. I want to introduce you to them.

при-зна-к, sign, token

Онá не подавáла признаков жизни. She gave no signs of life.

раз-у-знá-ть, to learn, find out

Я постарáюсь разузнáть об óтом. I shall try to find out about this.

со-знá-вáть, to be conscious of, acknowledge, feel

Они сознаю́т свои ошибки. They are conscious of their faults (mistakes).

ЗР-, ЗАР-, ЗЕР-, ЗИР-, ЗОР-, SEE, LOOK, LIGHT

зар-ница, heat lightning

Вот вспыхнула зарница. The heat lightning flashed.

зар-я́, sunset, sunrise

Вечéрняя заря́ окрáсила нéбо. The sunset colored the sky.

о-зар-я́ть, о-зар-и́ть, } to illumine, brighten, light up

Лýнный свет озаря́ет кóмнату. Moonlight illumines the room.

зéр-кало, mirror

Онá смотрéлась в зéркало. She was looking into the mirror.

со-зер-цáтельный, contemplative

У негó созерцáтельная натýра. His is a contemplative nature.

в-зир-áть, to look at, regard

Он пошёл тудá не взирáя на моё предостережéние. He went there in spite of (disregarding) my warning.

над-зир-áтель, inspector, superintendent, warden

Надзирáтель прохáживался по коридóру. The superintendent was walking along the corridor.

пре-зир-а́ть, to despise, scorn — Не презира́йте меня́. Don't despise me.

в-зор, look, glance, gaze — Она́ поту́пила свой взор She cast her eyes down.

до-зо́р, patrol, round — Солда́ты хо́дят дозо́ром. The sentries are making their rounds.

по-зо́р, disgrace — Это позо́р для нас всех. This is a disgrace for all of us.

у-зо́р pattern, design — Я вышива́ю узо́р. I am embroidering a pattern.

зр-е́лище, spectacle, show, sight — Како́е чу́дное зре́лище! What a wonderful sight!

зр-е́ние, sight, vision, eyesight — У него́ плохо́е зре́ние. His eyesight is poor (bad).

обо-зр-е́ние, review, survey — В газе́те вы найдёте обозре́ние ва́жных собы́тий. In the newspaper you will find a survey of important events.

подо-зр-е́ние, distrust, suspicion — Этот господи́н нахо́дится под подозре́нием. This man is under suspicion. (This man is suspected.)

пре-зр-е́ние, scorn, contempt — Вы отно́ситесь к ним с презре́нием. You are treating them with scorn. (You scorn them.)

при́-зр-ак, ghost, phantom — Его́ трево́жат при́зраки про́шлого. The phantoms of the past are troubling him.

при́-зр-ачный, illusory, unreal — Она́ прельща́ет себя́ при́зрачными наде́ждами. She is deceiving herself with illusory hopes.

при-зр-éние, protection, charity

> В нáшем гóроде два дóма для призрéния бéдных. In our town there are two charitable institutions for the poor.

И

ИГР-, GAME, PLAY

игр-á, game, play

> Я предпочитáю игрý на скрúпке. I prefer playing the violin.

игр-áть, to play

> Дéти игрáют в мяч. The children are playing ball.

игр-и́-вый, playful

> Игрúвые вóлны набегáют нá берег. The playful waves beat against the shore.

игр-óк, gambler, player

> Он азáртный игрóк. He is a gambler.

игр-ýшка, plaything, toy

> У неё нет игрýшек. She has no toys.

вы-и́гр-ыш, winnings, gain, prize

> Это мой вы́игрыш. This is my prize. (These are my winnings.)

про-игр-áть, to lose, to play

> Он проигрáл всё своё состоя́ние. He lost (at cards) his entire fortune.

с-ыгр-áть (съ-игр-ать), to play

> Что вам сыгрáть? What shall I play (for you)?

ИН-, OTHER, DIFFERENT

ин-áче, or else, otherwise

> Бегúте, инáче вы опоздáете. Run (Hurry), otherwise (or else) you will be late.

ин-огдá, sometimes, occasionally

> Иногдá они́ купáются в мóре. Occasionally they bathe in the sea.

ин-о́й. different, other	А, э́то ино́й разгово́р. Ah, this is quite a different talk.

ИСК-, ЫСК-, SEEK

иск, suit, action, claim	Ему́ пред'яви́ли иск. He was sued. (A complaint was issued against him.)
иск-а́тель, searcher, seeker	Э́то настоя́щий иска́тель приключе́ний. He is a real adventurer.
иск-а́ть, to look for, search	Я ищу́ каранда́ш. I am looking for a pencil.
вз-ыск-а́тельный, strict, exacting	Вы сли́шком взыска́тельны. You are too exacting.
вз-ыск-а́ть(взъ-иск-ать), to exact, recover	Он взыска́л изде́ржки судо́м. He recovered costs in a suit at law.
из-ы́ск-анный, refined, dainty, artistic	У неё изы́сканный вкус. She has a refined taste.
о́б-ыск, search	Поли́ция де́лает о́быск. The police are making a search.
с-ы́щ-ик, detective	Сы́щик напа́л на след преступле́ния. The detective has come upon the clue of the crime.

К
КАЗ-, SEEM, APPEAR, EXPRESS

каз-а́ться, to seem, appear	Мне ка́жется что вы правы́. It seems to me that you are right.
ск-аз-а́ть, to tell	Скажи́те ему́ что я бу́ду его́ ждать. Tell him that I shall expect him.

с-ка́з-ка, fairy tale

Он лю́бит ска́зки. He likes fairy tales.

вы́с-каз-аться, to say out, express

Да́йте ему́ вы́сказаться. Let him express himself.

на-ка́з, instruction, decree

Мы чита́ли Нака́з Екатери́ны Вели́кой. We were reading the Instruction of Catherine the Great.

от-ка́з, refusal, denial, rejection

Они́ получи́ли отка́з. They were refused.

по-каз-а́ть, to show

Я покажу́ вам э́ту карти́ну. I will show you this picture.

при-ка́з, order, command

Нача́льник отдаёт прика́з. The chief is issuing an order.

рас-с-ка́з, story, tale

Расска́зы Че́хова интере́сны. Chekhov's stories are interesting.

у-каз-а́ть, to point, show

Укажи́те ему́ доро́гу. Show him the way.

КАЗ-, PUNISH

каз-ни́ть, to execute, put to death

Всех пятеры́х казни́ли. All five were put to death.

каз-нь, execution

Их приговори́ли к сме́ртной ка́зни. They were sentenced to death.

ис-каж-а́ть, ⎫
ис-каз-и́ть, ⎬ to distort, disfigure

Шрам исказ́и́л ему́ лицо́. A scar disfigured his face.

Не искажа́йте и́стины. Don't distort the truth.

КАМ-, STONE, ROCK

кám-ень, stone, rock

Дéти бросáют кáмни. The children throw stones.

кáм-енный, stone

Он купи́л кáменный дом. He bought a stone house.

кам-ени́стый, stony, rocky

Камени́стая пóчва. A rocky ground (soil).

кáм-енщик, mason, brick-layer

Мы не мóжем найти́ кáменщика. We cannot find a bricklayer.

о-кам-енéть, to petrify

От стрáха онá окаменéла. She was petrified with fright.

КАТ-, ROLL, RIDE

кат-áться, to ride

Зимóй прия́тно катáться на саня́х. In winter it is pleasant to go sleigh riding.

кат-и́ть, to roll

Рабóчие кати́ли бóчку по мостовóй. The workmen were rolling a barrel on the road.

кат-óк, skating-rink

На каткé игрáла му́зыка. The band played on the skating-rink.

кат-у́шка, spool, reel

Принеси́те мне кату́шку ни́ток. Bring me a spool of thread.

кач-áть, to rock, swing, sway

Мать качáет ребёнка. The mother rocks the child.

кач-éли, swing

У нас в саду́ качéли. We have a swing in the garden.

кáч-ка, rolling, tossing, pitch-ing

Матрóсы не боя́тся кáчки. The sailors are not afraid of rolling (and pitching).

за-ка́т, sunset

Они́ любова́лись зака́том со́лнца. They were admiring the sunset.

КИД-, TOSS

кид-а́ть,
ки́-нуть (кид-нуть), } to toss, fling, throw, pitch

Ма́льчик ки́нул мяч. The boy pitched the ball.

вы-кид-ывать, to discard, dismiss, play tricks

Он лю́бит выки́дывать шу́тки. He likes to play tricks.

под-кид-ыш, foundling

На крыльце́ пла́кал под-ки́дыш. A foundling was wailing on the porch.

на-кид-ка, mantle, cloak, wrap

Ей привезли́ краси́вую наки́дку. They brought her a beautiful wrap.

с-кид-ка, discount, reduced price

Това́р здесь продаётся со ски́дкой. The merchandise is sold here at reduced prices.

о-про-кин-уть, to upset, tip over, overturn

Я опроки́нул стул. I tipped the chair over.

КИП-, BOIL

кип-е́ть, to boil, seethe

Вода́ в ча́йнике кипи́т. The water in the teapot is boiling.

кип-у́чий, intense, fervent

Нигде́ нет тако́й кипу́чей де́ятельности как в Аме́рике. There is nowhere else such an intense activity as in America.

кип-ято́к, boiling water

Он побежа́л за кипятко́м. He rushed to fetch the boiling water.

вс-кип-яти́ть, to boil

Вскипяти́те молоко́. Boil the milk.

КИС-, КВАС-, SOUR

кис-лота́, acid, acidity

Кислоту́ мо́жно купи́ть в апте́ке. Acid may be bought at the drug store.

ки́с-лый, sour

Я спекла́ пиро́г из ки́слых я́блок. I made a pie with sour apples.

ки́с-нуть (кисл-нуть), to get sour, turn sour

На́ше вино́ ки́снет. Our wine is getting sour.

Не́чего сиде́ть до́ма и ки́снуть. You must not stay at home and turn sour (stale).

кис-е́ль, jelly

Мы еди́м мали́новый кисе́ль. We are eating raspberry jelly.

квас. sour drink

Квас освежа́ющий напи́ток. Kvass is a refreshing drink.

ква́с-ить, to ferment, pickle

Крестья́нка собира́ется ква́сить капу́сту. The peasant woman is starting to make sauerkraut.

КЛАД-, PUT, HIDE

клад, treasure

Говоря́т, что здесь спря́тан клад. They say that treasure is hidden here.

кла́д-бище, cemetery

Сто́рож живёт о́коло кла́дбища. The watchman lives near the cemetery.

клад-ова́я, pantry

В кладово́й мно́го с'естны́х припа́сов. In the pantry there are many food supplies.

клас-ть (клад-ть), to put

Куда́ вы кладёте кни́ги? Where do you put the books?

до-клáд-ывать, to report, announce, add

Секретáрь доклáдывает о положéнии дел. The secretary reports about the situation.

за-клáд, bet, wager, pledge, mortgage

Не стóит вам бѝться об заклáд. You should not bet.

у-клáд-ываться, to lie down, to pack

Нам порá уклáдываться. It's time for us to pack.

КЛЕВ-, PECK

клёв, biting, peck

Поéдем удѝть, сегóдня хорóший клёв. Let's go fishing, the fish are biting today.

клев-áть, to peck

Птѝца клюёт зернó. The bird pecks the grain.

клюв, bill, beak

У воробьѝ корóткий клюв. The sparrow has a short bill.

клю́-нуть, to bite

Рѝба клю́нула. The fish are biting.

клев-етá, calumny, slander

От клеветы́ не уйдёшь. One cannot get away from slander.

клев-етáть, to slander, malign, cast aspersion

Зачéм вы на негó клевéщете? Why do you cast aspersion upon him?

клев-етнѝк. slanderer

Он обозвáл дрýга клеветникóм. He called his friend a slanderer.

КЛИК-, КРИК-, CALL, CRY

клѝк-ать, }
клѝк-нуть, } to call

Клѝкни егó! Call him.

клич, call, cry, shout

Раздáлся боевóй клич. The war cry sounded.

кли́ч-ка, name, nickname

Зна́ет-ли попуга́й свою́ кли́чку? Does the parrot know his name?

пере-кли́ч-ка, roll call

Он не яви́лся на перекли́чку. He did not come to tho roll call.

крик, shout, cry, call, scream

На её крик прибежа́ла прислу́га. Hearing her scream, the servants rushed in.

крик-у́н, noisy person, bawler

Крику́на увели́ в уча́сток. The bawler was taken to the police station.

крич-а́ть, to shout

Не кричи́те пожа́луйста. Please don't shout.

вос-клиц-а́ние, exclamation

При её появле́нии разда́лись восклица́ния. At her appearance exclamations were heard.

КЛИН-, КЛЯ-, OATH, CURSE, SWEAR

за-клин-а́ть, to conjure, implore

Мать заклина́ла дочь не оставля́ть до́ма. The mother implored her daughter not to leave her home.

про-клин-а́ть, to curse, rue

Она́ проклина́ет тот день когда́ она́ встре́тилась с ни́ми. She rues that day when she met them.

кля-сть, to curse

Он кляне́т его́ в душе́. In his soul he curses him.

кля́-тва, oath, vow

С меня́ взя́ли кля́тву. They made me swear (allegiance).

про-кля́-тие, curse, imprecation

Из тюрьмы́ слы́шались прокля́тия. Curses reached us from the prison.

КЛОН-, КЛАН-, BEND, BOW

клон-и́ть, to lean, drive, incline

Не понима́ю, куда́ он кло́нит. I don't understand what he is driving at.

на-кло́н-ность, inclination, tendency

У него́ накло́нность к аза́ртной игре́. He has a tendency to gamble.

по-кло́н, greeting, salute, bow

Покло́н вам от всех. Greetings to you from all (of us).

по-кло́н-ник, admirer

Мой знако́мый покло́нник Толсто́го. An acquaintance of mine is an admirer of Tolstoy.

с-клон, slope, decline

На скло́не лет он заду́мал жени́ться. In his declining years he decided to get married.

с-клон-и́ть, to bend, stoop, win over

Нам удало́сь склони́ть его́ на на́шу сто́рону. We succeeded in winning him over to our side.

у-клон-е́ние, deviation, evasion

Э́то уклоне́ние от те́мы. This is a deviation from the topic.

клан-я́ться, to greet, bow, send one's respects

Кла́няйтесь ва́шей ма́тушке. Greet your mother. (Give my respects to your mother.)

рас-кла́н-иваться, } to bow, salute, take one's hat off

рас-кла́н-яться,

Они́ раскла́нялись и разошли́сь. They bowed and took leave.

КЛЮЧ-, KEY

ключ, key

Он потеря́л свой ключ. He lost his key.

ключ-ница, housekeeper | Ма́рья Ива́новна была́ у них клю́чницей. Maria Ivanovna was their housekeeper.

ключ-ево́й, spout, spring | Ключева́я вода́ холодна́. Spring-water is cold.

вы́-ключ-ить, to turn off, switch off | У нас вы́ключили электри́чество. Our electricity was turned off.

за-ключ-е́ние, conclusion, deduction, imprisonment | Ва́ше заключе́ние ве́рно. Your conclusion is correct.

ис-ключ-и́тельный, exceptional | Э́то исключи́тельный слу́чай. This is an exceptional case.

КНИГ-, BOOK

кни́г-а, book | Чья́ э́то кни́га? Whose book is it?

книж-ка, book | У меня́ нет записно́й кни́жки. I have no notebook.

книж-ный, book | Зайдёмте в кни́жный магази́н. Let's go to the bookstore.

КОВ-, FORGE, CONFINE

ков-а́ть, to forge, beat, strike | Куй желе́зо пока́ горячо́. Strike while the iron is hot.

на-ков-а́льня, anvil | Кузне́ц положи́л гвоздь на накова́льню. The blacksmith put a nail on the anvil.

о-ко́в-ы, fetters, shackles | Ареста́нты позвя́кивали око́вами. The convicts clanked their fetters.

под-ко́в-а, horseshoe | Ло́шадь потеря́ла подко́ву. The horse lost a shoe.

при-ков-а́ть, to chain, forge, confine

Боле́знь прикова́ла его́ к посте́ли. The illness confined him to his bed.

КОЖ-, SKIN, HIDE, LEATHER

ко́ж-а, skin, leather

Из ко́жи де́лают о́бувь. Footware is made of leather.

ко́ж-аный, leather

Носи́льщик несёт ко́жаный чемода́н. The porter carries a leather suitcase.

кож-е́венный, leather, hide, tannery

Он рабо́тает на коже́венном заво́де. He works at the tannery.

КОЗ-, GOAT

коз-а́, goat

Коза́ попа́ла в огоро́д. The goat got into the vegetable garden.

коз-ёл, goat

Я не хочу́ быть козло́м отпуще́ния. I do not want to be a scapegoat.

ко́з-ий, goat

До́ктор посове́товал пить ко́зье молоко́. The physician advised to drink goat milk.

ко́з-лы, box, coach-box

Ку́чер сиди́т на ко́злах. The driver is seated on the coach-box.

КОЛ-, POINT, PRICK, CIRCLE

кол, stake, pole, picket

От забо́ра оста́лся то́лько кол. Only a pole is left of the fence.

кол-есо́, wheel

Колесо́ слома́лось. The wheel broke.

кол-ей, rut, track

На доро́ге видна́ колея́. A rut is running (is seen) along the road.

ко́л-кий, sharp, stinging

Произошёл ко́лкий разго-во́р. A sharp conversation took place.

кол-о́ть, to stab, thrust, sting

У него́ коло́ло в боку́. He had a stabbing (sharp) pain in his side.

кол-ь-цо́, ring

На её па́льце обруча́льное кольцо́. There is a wedding ring on her finger.

рас-ко́л, split, schism

Но́вое уче́ние привело́ к раско́лу. The new teaching brought about a schism.

о́-кол-о, near

Они́ живу́т о́коло нас. They live near us.

о-ко́л-ь-ный, roundabout

Мы прие́хали в дере́вню око́льным путём. We came to the village by a roundabout road.

КОЛ-, WAVER

кол-еба́ть, to sway, waver, agitate, vibrate

Ве́тер коле́блет жа́тву. The wind sways the crop.

кол-еба́ние, fluctuation, oscillation

Здесь ре́зкое колеба́ние температу́ры. There is a sharp fluctuation of temperature here.

кол-ыбе́ль, cradle

Ребёнок спит в колыбе́ли. The child sleeps in the cradle.

КОН-, BEGINNING, END

ис-кон-й, from time immemorial, from the very beginning

Искони́ так ведётся. It has been established so from the very beginning.

кон-éц, end, termination

В концé концóв он согла-
сúлся со мной. Finally
(at last) he agreed with me.

кон-éчно, certainly, of course

Вы конéчно заéдете к нам.
Of course you will call
on us.

кóн-чить, to end, finish, complete

Мы кóнчили рабóту. We
have finished our work.

за-кáн-чивать, to finish, complete, conclude

Мы закáнчиваем пéрвую
часть учéбника. We are
finishing the first part of
the textbook.

за-кóн, law

Вы́шел нóвый закóн об ино-
стрáнцах. A new law was
issued concerning for-
eigners.

за-кóн-ный, lawful, legal,
rightful, just

Это закóнное трéбование.
This demand is lawful.
This is a just demand.

о-кон-чáние, end, ending,
completion

Ещё час до окончáния спек-
тáкля. We still have an
hour before the end of the
play.

КОН-, HORSE

кон-ёк, fad, hobby

Это егó конёк. This is his
hobby.

кóн-ница, cavalry

Кóнница мчáлась во весь
опóр. The cavalry rushed
at full speed.

кóн-ный, horse, mounted

Кóнный отря́д отпрáвился к
гранúце. The mounted
troops started towards the
border.

кон-ь, horse

У казакá укрáли коня́. The
Cossack's horse was stolen.

кóн-юх, groom, stableman

Кóнюх смóтрит за лошадьми́. The groom looks after the horses.

кон-ю́шня, stable

Из коню́шни слы́шалось ржа́ние лошадéй.   One could hear the neighing of the horses in the stable.

КОП-, DIG, PIERCE

коп-а́ть, to dig

Я копа́ю зéмлю.   I am digging the ground.

коп-ьё, lance, bayonet

Они́ би́лись на кóпьях. (They were tilting).   They were fighting with bayonets.

о-кóп-ы, trenches

Солда́ты рóют окóпы.   The soldiers are digging the trenches.

КОП-, КУП-, SAVE, HEAP, BUY

коп-éйка, copeck

Да́йте ма́льчику копéйку. Give the boy a copeck.

коп-и́ть, to save

Они́ кóпят дéньги на чёрный день.   They are saving the money for a rainy day.

коп-на́, rick, stack

Сéно сóбрано в копну́.   The hay is gathered into a rick.

ку́ч-а, heap, pile

На дворé лежи́т ку́ча му́сору. A pile of rubbish lies in the yard.

вы́-куп, ransom

За негó да́ли большóй вы́куп.   They paid for him a big ransom.

за-ку́п-щик, buyer

Заку́пщиков посла́ли заграни́цу.   The buyers were sent abroad.

куп-е́ц, merchant

Купе́ц стои́т за прила́вком. The merchant stands behind the counter.

куп-е́чество, merchants, mercantile class

Мно́го писа́ли о ру́сском купе́честве. A great deal was written about the Russian merchants.

куп-и́ть, to buy

Я куплю́ всё необходи́мое. I shall buy all that is necessary.

под-куп-и́ть, to bribe

Э́того чино́вника ниче́м не подку́пишь. There is nothing with which you could bribe this official.

по-куп-а́ть, to buy, purchase

Не покупа́йте в э́том магази́не. Don't buy in this store.

по-ку́п-ка, purchase

Вот моя́ поку́пка. Here is my purchase.

с-куп-о́й, stingy

Он о́чень скуп. He is very stingy.

КОР-, REPROACH, GAIN, SUBJECT

кор-и́ть, to reproach, blame

В глаза́ не хвали́, за глаза́ не кори́. Don't flatter to one's face, don't blame behind one's back.

кор-ы́сть, cupidity, gain, profit, selfishness

Он всё де́лает из коры́сти. Everything he does is prompted by his cupidity.

по-кор-и́ть, to subject, conquer

Наполео́н покори́л всю Евро́пу. Napoleon conquered entire Europe.

у-ко́р, reproach

Она́ смо́трит на меня́ с уко́ром. She looks at me reproachfully.

КОР-, ROOT

кор-еннóй, radical, native, fundamental

Кореннóе населéние здесь рýсское. Here the native population is Russian.

кóр-ень, root

Кóрни дýба идýт глубокó в зéмлю. The roots of an oak go deep into the ground.

кор-ешóк, root, back

Корешóк словаря пóрван. The back of the dictionary is torn.

кор-и́ца, cinnamon

Положи́те кусóк кори́цы в рис. Add a piece of cinnamon to the rice.

ис-кор-еня́ть, } to eradicate,
ис-кор-ени́ть, } destroy

Мéра эта искорени́ла мнóго злоупотреблéний. This measure eradicated many abuses.

КОРМ-, FOOD, FEED

корм, food, fodder

Заготóвьте корм для скотá. Get the fodder ready for the cattle.

корм-и́лица, wet nurse

Они́ на́няли корми́лицу. They hired a wet nurse.

корм-и́ть, to feed, nourish, board

В а́рмии хорошó кóрмят. They give good food in the army. (The army is well fed.)

КОС-, ЧЕС-, TRESS, COMB

кос-á, plait, braid

У неё дли́нная косá. She has a long braid.

кос-мáтый, dishevelled

Он всегдá космáтый. He is always dishevelled.

чес-а́ть, to scratch, comb	Мужи́к че́шет заты́лок. The peasant scratches the back of his head.
чес-о́тка, itch	От чесо́тки тру́дно изба́виться. It is difficult to get rid of an itch.
при-чёс-ка, headdress, coiffure	У вас краси́вая причёска. Your headdress is becoming (beautiful).
при-чёс-ываться, to comb	Я причёсываюсь пе́ред зе́ркалом. I comb (my hair) in front of a mirror.

КОС-, SCYTHE, CUT

кос-а́, scythe	Ле́звие косы́ остро́. The blade of a scythe is sharp.
ко́с-арь, mower, haymaker	Косари́ уже́ давно́ на лугу́. The peasant mowers have already been in the meadow for a long time.
кос-и́ть, to mow, cut	Они́ ко́сят траву́. They are mowing the grass.

КОСТ-, BONE

кост-ь, bone	Э́та коро́бка сде́лана из ко́сти. This box is made of bone.
кост-ля́вый, bony	У стару́х ру́ки костля́вы. Old women's hands are bony.
кост-ы́ль, crutch	Он урони́л свой косты́ль. He dropped his crutch.
кос-не́ть (кост-неть), to stagnate, become stale	В прови́нции лю́ди нере́дко косне́ют. In the province the people often stagnate.

КРАД-, STEAL

крас-ть (крад-ть), to steal	Одни крадут, а другие прячут. Some steal while others hide (the stolen goods).
краж-а, theft	Их обвинили в краже. They were accused of theft.
в-крад-чивый, insinuating, oily, smooth, coaxing	Она говорила вкрадчивым голосом. She spoke in a coaxing voice.
в-крад-ываться, to steal in, slip in, creep in	При переписке вкрадываются ошибки. Mistakes creep in while copying.

КРАС-, BEAUTY

крас-ивый, beautiful, handsome	У вас красивая мебель. You have beautiful furniture.
крас-ить, to paint	Маляр красит забор. The painter paints the fence.
крас-ота, beauty	Я преклоняюсь перед красотой природы. I worship the beauty of nature.
крас-ный, red	Ошибки исправлены красными чернилами. The mistakes are corrected in red ink.
у-краш-ать, to beautify, decorate, adorn, trim	Дети украшают ёлку. The children are decorating the Christmas tree.

КРАТ-, КОРОТ-, SHORT, BRIEF

крат-кий, short, brief	Мы шли кратким путём. We took a short cut.
крат-кость, brevity, shortness	Его речь хвалили за краткость. His speech was praised for its brevity.

пре-крат-и́ть, to cease, put an end, stop	Прошу́ прекрати́ть э́тот разгово́р. I beg you to stop this conversation.
со-кращ-а́ть, ⎰ to shorten, со-крат-и́ть, ⎱ curtail	Нам необходи́мо сократи́ть расхо́ды. We must curtail our expenses.
	По субботам сокраща́ют рабо́чие часы́. On Saturdays they shorten the working hours.
корот-а́ть, to spend time, kill time	По́мните, как мы с ва́ми корота́ли вечера́. Do you remember how we used to pass the evenings?
коро́т-кий, short	У него́ коро́ткие но́ги. He has short legs.

КРЕП-, (КРѢП)-, STRONG

кре́п-кий, strong, firm, robust, vigorous	У него́ кре́пкое здоро́вье. His health is robust.
кре́п-нуть, to get stronger, get firmer	Лёд на реке́ кре́пнет. The ice on the river is getting firmer.
креп-остни́чество, serfdom	Наста́л коне́ц крепостни́честву. Serfdom came to an end.
кре́п-ость, fortress	Престу́пника заточи́ли в кре́пость. The criminal was imprisoned in the fortress.
у-креп-ле́ние, fortification	У вхо́да в га́вань постро́или укрепле́ние. They erected a fortification at the entrance to the harbor.

КРЕСТ-, КРЕС-, CROSS

крест, cross	Крест си́мвол христиа́нства. The cross is the symbol of Christianity.
крест-и́ть, to baptize	Его́ крести́ли в це́ркви. He was baptized in church.
крест-о́вый, crusader, cross-bearing	Ры́цари уча́ствовали в кресто́вых похо́дах. The knights participated in the crusades.
крест-ь-я́нин, peasant	Крестья́не па́шут и се́ют. The peasants plough and sow.
крещ-е́ние, baptism, christening	Он при́нял креще́ние. He was baptized.
вос-крес-а́ть, вос-крес-нуть, { to rise from the dead, revive	Христо́с воскре́с! Christ is risen!
вос-крес-е́нье, Sunday	В воскресе́нье у нас бы́ло мно́го госте́й. On Sunday we had many visitors.
вос-креш-а́ть, вос-крес-и́ть, } to resurrect, revive	Они́ воскреша́ют ста́рые обы́чаи. They resurrect the old customs.

КРОВ-, BLOOD

кров-а́вый, bloody, blood-stained	Ра́неный зверь оста́вил крова́вый след. The wounded animal left a bloody trail.
кро́в-ный, blood-relation, deadly	Ему́ нанесли́ кро́вную оби́ду. They hurled a deadly insult at him. They deeply insulted him.
кров-ь, blood	Э́то у него́ в крови́. It runs in his blood.

кров-о-жа́дность, blood-thirstiness

В кровожа́дности он не уступа́ет хи́щному зве́рю. In bloodthirstiness he matches a wild animal.

КРОХ-, CRUMB, SMALL PIECE

кро́х-а, crumb

От их состоя́ния оста́лись то́лько кро́хи. From their fortune there remained a few crumbs.

кро́х-отный, tiny

У неё кро́хотная ру́чка. She has a tiny hand.

кро́ш-ка, mite, little one, baby

Он совсе́м ещё кро́шка у вас. Your child is still a baby.

крош-и́ть, to crumble

Стари́к кро́шит хлеб в суп. The old man crumbles some bread into his soup.

КРУГ-, CIRCLE, SPHERE, ROUND

круг, circle

У меня́ большо́й круг знако́мых. I have a large circle of friends.

кру́г-лый, round, entire

Они́ живу́т кру́глый год в дере́вне. They live in the country all the year round.

кру́ж-ево, lace

На ней то́нкое кру́жево. She is wearing a fine lace.

круж-и́ть, to circle

Орёл кружи́т в облака́х. The eagle circles among the clouds.

кру́ж-ка, cup, jug

Ему́ по́дали кру́жку воды́. They gave him a cup of water.

о-круж-а́ть, o-круж-и́ть, to surround

Толпа́ дете́й окружи́ла учи́теля. A crowd of children surrounded their teacher.

КРЫ-, КРОВ-, SHELTER, COVER

кры-ть, to cover

В э́той дере́вне и́збы кры́ты соло́мой. In this village the huts are covered with straw.

кры́ш-а, roof

У них протека́ет кры́ша. Their roof is leaking.

от-кры́-тие, discovery

Об э́том откры́тии мно́го писа́ли. Much has been written about this discovery.

от-кры-ва́ть, to open

Не открыва́йте окна́. Do not open the window.

по-кры-ва́ло, cover, spread

На посте́ли бе́лое покрыва́ло. A white spread was on the bed.

с-кры́-ть, to cover up, hide, conceal

Он скрыл следы́ преступле́ния. He concealed the traces of the crime.

кров, shelter

Она́ оста́лась без кро́ва. She was left without shelter.

от-кров-е́нность, frankness

Открове́нность вызыва́ет дове́рие. Frankness inspires one with confidence.

по-кров-и́тельствовать, to protect, patronize

Нача́льник ему́ покрови́тельствует. His chief patronizes him.

со-кров-е́нный, secret, innermost

Вы угада́ли мои́ сокрове́нные мы́сли. You have guessed my innermost thoughts.

со-кро́в-ище, treasure

Госуда́рственные сокро́вища храня́тся в подземе́льи. The state treasures are kept in an underground vault.

КУП-, BATHE

куп-а́льня, bathers' booth

Мы раздева́емся в купа́льне. We are undressing in the bathers' booth.

куп-а́нье, bathing

Морски́е купа́нья поле́зны. Sea bathing is wholesome.

куп-а́ть, to bathe

Она́ купа́ет младе́нца. She is bathing an infant.

вы́-куп-аться, to bathe, to take a plunge

Ле́том прия́тно вы́купаться в реке́. In summer it is pleasant to take a plunge (bathe) in the river.

КУС-, BITE, TASTE

кус-а́ть, to bite

От зло́сти он куса́л гу́бы. He was biting his lips in anger.

кус-о́к, piece, slice

Да́йте ему́ кусо́к хле́ба. Give him a slice of bread.

ку́ш-ать, to eat

Ку́шайте на здоро́вье. Eat, it is good for you (your health).

у-кус-и́ть, to bite

Соба́ка укуси́ла де́вочку. The dog bit the little girl.

в-кус, taste

На вкус и на цвет това́рища нет. Every one has his own taste.

в-ку́с-ный, tasty

По́дали вку́сное блю́до. A tasty dish was served.

за-ку́с-ка, relish

Заку́ска на столе́. The relishes are on the table.

ис-ку́с-ство, art

Мы интересу́емся иску́сством. We are interested in art.

ис-куш-éние, temptation — Это большóе искушéние. This is a great temptation.

по-куш-éние, attempt — На губернáтора бы́ло покушéние. An attempt was made on the governor's life.

рас-кус-и́ть, to bite in two, understand, grasp — Его трýдно раскуси́ть. It is hard to understand him.

КУТ-, WRAP, MUFFLE, TWIST

кýт-ать, to wrap, muffle — Бáба кýтает гóлову платкóм. The peasant woman wraps her head in a kerchief.

за-кýт-ываться, to wrap up, muffle, dress — Зимóй лю́ди закýтываются в тёплые одéжды. In winter people (are wearing) wear warm clothes. (In winter the people are muffled in warm clothes.)

кут-ёж, spree, carouse, revelry — Кутёж продолжáлся до утрá. The revelry lasted until morning.

кут-ерьмá, commotion, row — Там поднялáсь стрáшная кутерьмá. A terrible commotion started there.

кут-и́ть, to make merry, to be on a spree — Всю ночь они́ кути́ли. They were on a spree all night.

Л

ЛАД-, HARMONY

лад, harmony, concern, accord — Дéло идёт на лад. Things are getting along.

лáд-ить, to get along — Они́ не лáдят мéжду собóй. They don't get along.

раз-лáд, discord — Онá повсю́ду внóсит разлáд. She brings discord everywhere.

| у-ла́ж-ивать,
у-ла́д-ить, | { to arrange,
settle,
make up | Не беспоко́йтесь, я всё ула́жу. Don't worry, I'll settle everything. (Don't worry, I'll arrange everything.) |

ЛАСК-, CARESS, CLING

ла́ск-а, caress, kindness

В её глаза́х све́тит ла́ска. Kindness shines in her eyes.

ласк-а́ть, to caress, pet, fondle

Ма́льчик ласка́ет ко́шку. The boy pets the cat.

ла́ск-овый, kind, affectionate

Он при́нял меня́ ла́сково. He received (met) me affectionately.

ла́ст-ить, to fawn, flatter

В ожида́нии насле́дства он ла́стит старику́. He fawns upon the old man, expecting to get an inheritance from him.

ЛГ-, ЛОЖ-, LIE, DECEIT

лг-ать, to deceive, lie
лг-ун, liar

Я не лгу. I am not deceiving.
Он невыноси́мый лгун. He is an unspeakable liar.

лже-учи́тель, false teacher

Лжеучи́тель искажа́ет и́стину. A false teacher distorts the truth.

лж-и́вый, false, deceitful

Лжи́вому не верь. Don't trust a deceitful person.

ло́ж-ный, false

В газе́те появи́лись ло́жные слу́хи. False rumors appeared in the newspaper.

лож-ь, lie

Это про́сто ложь. This is simply a lie.

ЛЕГ-, ЛАГ-, ЛОГ-, LIE, DOWN, PUT

леч-ь (лег-ть), to lie down

Мы легли спать рано. We went to bed early.

на-лег-а́ть, to lean on, to drink or eat heartily

Не налега́й на вино́. Don't drink too much wine.

на-лаг-а́ть, ⎱ to impose, put
на-лож-и́ть, ⎰ on, lay on

Она́ гото́ва наложи́ть на себя́ ру́ки. She is ready to commit suicide.

по-лаг-а́ть, to think, deem, suppose

Я полага́ю что он за́втра бу́дет здесь. I suppose he will be here tomorrow.

от-лож-и́ть, to postpone, put off

Нам пришло́сь отложи́ть пое́здку. We had to postpone our trip.

леж-а́ть, to lie

Я лежу́ в посте́ли. I am (lying) in bed.

при-над-леж-а́ть, to belong

Кому́ принадлежи́т э́тот слова́рь? To whom does this dictionary belong?

при-ле́ж-ный, industrious, diligent

Ваш брат приле́жный учени́к. Your brother is an industrious pupil.

на-ло́г, tax

В э́том году́ нало́ги высоки́. This year the taxes are high.

пред-ло́г, pretext, pretence, excuse

Он не пришёл под предло́гом боле́зни. He did not come under pretext of illness.

пред-лож-е́ние, proposal, suggestion, offer

Ва́ше предложе́ние при́нято. Your offer is accepted.

до-лож-и́ть, to report, add

Позво́льте вам доложи́ть о происше́ствии. Let me report about the accident.

ЛЕГ-, ЛЕЗ-, ЛЬЗ-, EASE, BENEFIT, USE

лёг-кий, easy

Лёгкий урок. An easy lesson.

об-лег-чéние, relief

Лекáрство не принеслó облег-чéния. The medicine did not bring any relief.

об-лег-чáть, об-лег-чúть, } to lighten, relieve, facilitate

Я старáлся облегчúть емý рабóту. I tried to lighten (facilitate) his work for him.

по-лéз-ный, useful

Рáдио полéзное изобрéтение. Radio is a useful invention.

не-льз-я́, impossible, one must not, one cannot

Вам нельзя́ курúть. You must not smoke.

пó-льз-а, profit, benefit, use, good

Какáя от этого пóльза? What good will it do?

пó-льз-оваться, to use, make use

Он пóльзуется моúми за-пúсками. He is using my notes.

вос-пó-льз-оваться, to take advantage

Я воспóльзуюсь этим слý-чаем. I shall take advantage of this opportunity.

ЛЕЗ-, (ЛѢЗ)-, ЛАЗ, ЛЗ-, CLIMB, COME OUT

лез-ть, to climb

Не лезь на дéрево. Don't climb up the tree.

лáз-ить, to climb, clamber

Дéти лáзили по крýше. The children clambered up the roof.

водо-лáз, diver

Водолáз опустúлся на дно. The diver sank to the bottom.

лéс-тница, ladder

Он пóднялся по лéстнице. He climbed the ladder.

пó-лз-ать, to crawl, creep

Змея́ пóлзает по землé. The snake crawls on the ground.

вы́-по-лз-ти, to come out, crawl out — Улитка вы́ползла на тро-пинку. The snail crawled on the pathway.

ЛЕК-, (ЛѢК)-, CURE

лек-а́рство, remedy, medicine — Како́е го́рькое лека́рство. What bitter medicine!

лек-арь, surgeon, doctor — За ле́карем уже́ посла́ли. They have already sent for the doctor.

леч-е́бница, hospital — В лече́бнице мно́го больны́х. There are many patients in the hospital.

леч-е́ние, cure, treatment — Она́ уе́хала в Крым на лече́ние. She went to Crimea to take the cure.

леч-и́ть, to doctor, have treatments — Меня́ до́лго лечи́ли. They doctored me for a long time.

за-ле́ч-ивать, to heal — Вре́мя зале́чивает ра́ны. Time heals all wounds.

ЛЕС-, (ЛѢС)-, WOOD

лес, forest, woods — Пойдёмте в лес за я́годами. Let's go to the woods berry hunting.

лес-ни́к, forester, ranger — У овра́га жил лесни́к. The forester lived near the ravine.

лес-ни́чий, forester — Он занима́л ме́сто лесни́чего. He had the position of a forester. (He was employed as a forester.)

лес-но́й, woods, woodland — Худо́жник рисова́л лесно́й пейза́ж. The artist was painting a woodland scene.

лес-о-пи́лка, sawmill	Оте́ц рабо́тает на лесопи́лке. Father works in the saw-mill.
ле́ш-ий, wood-demon	Когда́-то ве́рили в ле́ших. Long ago people believed in wood-demons.

ЛЕТ-, FLY

лет, flying, in the air	Он подхвати́л мяч на лету́. He caught the ball in the air.
лет-а́ть, } to fly лет-е́ть, }	Пти́цы лета́ют по во́здуху. Birds fly in the air.
	Вон гу́си летя́т. Look, the geese are flying there.
лёт-чик, aviator	Никола́й о́пытный лётчик. Nicholas is an experienced aviator.
на-лёт, raid, inroad	Налёт ко́нницы причини́л мно́го вреда́. The cavalry raid has done much dam-age.
по-лёт, flight, flying	Мы смо́трим на полёт аэро-пла́на. We watch the flight (course) of an air-plane.

ЛИ-, POUR

ли́-вень, downpour	Како́й сего́дня ли́вень! What a downpour we have to-day!
ли-ть, to pour, rain	С утра́ льёт дождь. It has rained since morning.
раз-ли-ва́ть, to pour	Она́ разлива́ет чай. She pours the tea.

в-ли-ва́ть, to pour into	Я влива́ю во́ду в скля́нку. I am pouring water into a flask.
в-ли-я́ние, influence, authority	Сове́т мой оказа́л влия́ние на него́. My advice has had an influence on him.
в-ли-я́ть, to influence	Воспита́тель влия́ет на дете́й. A tutor influences the children
за-ли́-в, gulf, bay	В зали́ве видне́ется парохо́д. A steamer is seen on the bay.
про-ли́-в, strait, sound	В проли́ве нас засти́гла бу́ря. A storm overtook us in the sound.
на-ли́-вка, cordial	Попро́буйте вишнёвую нали́вку. Try the cherry cordial.
с-ли́-вки, cream	Мы пьём ко́фе со сли́вками. We drink coffee with cream.

ЛИК-, FACE

лик, face, countenance	Из ико́ны гляде́ли ли́ки святы́х. The faces of the saints looked down from the ikons.
лиц-еме́рие, hypocrisy	Лицеме́рие э́того скря́ги изве́стно. The hypocrisy of this miser is well known.
лиц-о́, face, countenance	Я встре́тился с ним лицо́м к лицу́. I ran into him. (I met him face to face.)
ли́ч-ность, individual, person	Что э́то за ли́чность? Who is this? (What sort of person is he?)

раз-лич-а́ть, to discern, make out

В темноте́ я не различа́ю кто там. In the darkness I cannot make out who is there.

с-лич-а́ть, to compare, collate

Нота́риус слича́ет докуме́нты. The attorney compares the documents.

у-ли́к-а, evidence, proof

Э́та вещь послу́жит ули́кой. This object will serve as evidence.

ЛИХ-, ЛИШ-, EVIL, SUPERFLUOUS

лих-о́й, evil, wicked, cruel, bold

Пришла́ лиха́я беда́. A cruel misfortune came (upon us).

лиш-а́ть,⎱ to deprive, rob,
лиш-и́ть,⎰ deny

Не лиша́йте нас удово́льствия пообе́дать с на́ми. Don't deprive us of the pleasure of having you to dinner.

ли́ш-ний, superfluous

Мно́го писа́ли о ли́шних лю́дях. Much was written about superfluous people.

с-ли́ш-ком, too

Здесь сли́шком жа́рко. It is too hot here.

ЛУГ-, MEADOW

луг, meadow

На лугу́ мно́го цвето́в. There are many flowers on the meadow.

луж-а́йка, grass-plot, little meadow

Пе́ред ро́щей зелёная лужа́йка. There is a little meadow in front of the grove.

ЛУК-, BOW, BEND, PART

лук, bow

Стрела из лука попала в цель. The arrow from the bow hit the mark.

лук-а́вый, sly, cunning

У неё лука́вые глаза́. She has a sly look in her eyes.

раз-лу́к-а, separation, parting

Мы встре́тились по́сле до́лгой разлу́ки. We met after a long separation.

раз-луч-а́ться, to part, separate

Э́ти сёстры никогда́ не разлуча́ются. These sisters never part.

ЛЮБ-, LOVE

люб-е́зность, kindness, courtesy

Благодарю́ за ва́шу любе́зность. Thank you for your kindness.

люб-и́тель, lover, amateur, layman

Он большо́й люби́тель старины́. He is a great lover of antiquity.

люб-и́тельский, amateur, amateurish

Сего́дня люби́тельский спекта́кль. An amateur play is (to be given) today.

люб-и́ть, to love, like

Я люблю́ пе́ние. I like singing.

люб-ова́ться, to admire

Чем вы любу́етесь? What are you admiring?

люб-о́вь, love

Покоря́й сердца́ любо́вью, а не стра́хом. Conquer hearts with love and not with fear.

люб-о́й, any, whichever one likes

Возьми́те любо́й кусо́к. Take whatever piece you like.

раз-люб-и́ть, to become indifferent, to cease to love

Она́ ско́ро разлюби́ла его́. She soon became indifferent to him.

ЛЮД-, PEOPLE

люд-и, people

Что э́то за лю́ди? Who are these people? (What sort of people are they?)

люд-о-е́д, cannibal

Людое́ды существу́ют и тепе́рь. Cannibals exist (may be found) even now.

люд-ско́й, people's, popular

От людско́й молвы́ ча́сто страда́ют. One often suffers from people's talk (from gossip).

много-лю́д-ный, crowded

Он вошёл в многолю́дный храм. He walked into a crowded temple.

не-люд-и́мка, unsociable person, recluse

Вы совсе́м преврати́лись в нелюди́мку. You have become a veritable recluse

M

МАЗ-, МАС-, DAUB, OIL, GREASE

ма́з-ать, to daub, smear

Мужи́к ма́жет колесо́ дёгтем. The peasant smears the wheel with tar.

маз-ня́, daub

Э́то не карти́на, а мазня́. It is not a painting, but a daub.

маз-ь, ointment, liniment, grease

Не забу́дьте купи́ть ма́зи. Don't forget to buy the liniment for me.

за-ма́з-ка, putty

Куда́ вы де́ли зама́зку? What did you do with the putty?

ма́с-леница, Shrovetide, carnival

На ма́сленице едя́т блины́. At Shrovetide pancakes are eaten.

ма́с-ло, butter

Я ем хлеб с ма́слом. I eat bread with butter.

мас-ло-бо́йка, churn

Хозя́йка купи́ла маслобо́йку. The housewife bought a churn.

МАЛ-, SMALL, LITTLE

ма́л-енький, small, little

Мы пи́ли ко́фе из ма́леньких ча́шек. We drank coffee out of small cups.

ма́л-ый, fellow, lad, chap

Ваш друг до́брый ма́лый. Your friend is a kind-hearted fellow.

мал-ы́ш, small child, mite, tot

Её малы́ш шалу́н. Her tot is a mischievous child.

ма́л-ь-чик, boy

Ма́льчик продаёт газе́ты. The boy sells newspapers.

мал-ю́тка, baby, mite, tot

По у́лице шёл малю́тка. A tot was walking on the street.

мал-о-ду́шный, fainthearted

Он малоду́шный челове́к. He is a fainthearted man.

MAX-, WAVE, SLIP

мах, slip, in an instant, mistake

Он не даст ма́ху. He won't let the opportunity slip. He won't make a mistake.

мах-а́ть, to wave

Она́ маха́ла платко́м из окна́. She waved her handkerchief from the window.

вз-мах, stroke, sweep

Одни́м взма́хом он уби́л быка́. At one stroke he killed the bull.

за-мах-ну́ться, to lift, raise, brandish

Офице́р замахну́лся са́блей. The officer raised his sword.

про́-мах, miss, slip, blunder, oversight

Вы стреля́ете без про́маха. You shoot (and) never miss (the mark).

МГ-, МИГ-, ЖМ-, TWINKLE, WINK, BLINK

мг-новéние, instant, moment

Луна показáлась на мгновéние. The moon appeared for a moment.

миг, (in) the twinkling of an eye, instant

Воображéние мигом перенеслó меня в Москву. Instantly my imagination carried me to Moscow.

миг-áть, to wink

Перестáньте мигáть! Stop winking!

жм-ýриться, to blink

Кот жмýрится на сóлнце. The cat blinks in the sun.

жм-ýрки, blindman's buff

Дéти игрáют в жмýрки. The children are playing blindman's buff.

МЕЖ-, МЕЖД-, BOUNDARY, BETWEEN, INTER-

меж-á, bound, strip

Крестьянин полóл межý. The peasant was weeding the strip (of land).

мéжд-у, between, among

Мéжду нáми говоря. Speaking between ourselves.

межд-у-нарóдный, international

Междунарóдный конгрéсс собрáлся в Женéве. The international congress met in Geneva.

меж-евáть, to measure, survey, divide into lots

Они межевáли зéмлю. They were dividing the land into lots.

про-меж-ýток, interval, span space

Я мнóго сдéлал в корóткий промежýток. I have done a great deal in a short time.

МЕК-, HINT, DREAM

на-мёк, hint, allusion

Ваш намёк слишком прозрачен. Your hint is too obvious.

на-мек-а́ть, to hint

Я напра́сно намека́л ему́ о до́лге. In vain did I hint to him about his debt.

с-мек-а́ть, } to understand,
с-мек-ну́ть, } grasp

Он смекну́л в чём де́ло. He understood what the matter was.

меч-та́, dream, wish

Моя́ мечта́ пое́хать заграни́цу. My dream is to go abroad.

меч-та́ть, to dream

О чём вы мечта́ете? What are you dreaming about?

меч-та́тельный, dreamy

Она́ смотре́ла на зака́т мечта́тельным взгля́дом. She was looking at the sunset with dreamy eyes.

МЕН-, (МѢН)-, CHANGE

мен-я́ть, to change, exchange

Я иду́ в банк меня́ть де́ньги. I am going to the bank to change some money.

вза-ме́н, in exchange, instead

Взаме́н де́нег ему́ да́ли това́р. In exchange for his money they gave him the goods.

из-мен-я́ть. } to change,
из-мен-и́ть. } betray

Шпио́н измени́л оте́честву. The spy betrayed his fatherland.

пере-ме́н-а, change

В конто́ре больша́я переме́на. There is a great change in the office.

раз-мен-я́ть, to change money

Ему́ пришло́сь разменя́ть сторублёвку. He had to change a hundred-rouble note.

с-мен-и́ть, to replace, relieve

Нас смени́ло молодо́е поколе́ние. The young generation replaced us.

МЕР-, МИР-, МОР-, DIE

мёр-твый, dead

Чита́ли-ли вы "Запи́ски из Мёртвого До́ма"? Have you read the "Memoirs from the House of Death"?

с-мер́-тный, mortal

Все мы сме́ртны. We are all mortal.

с-мер-ть, death

Он у́мер наси́льственной сме́ртью. He died a violent death.

у-мир-а́ть, to die

Больно́й умира́ет. The patient is dying.

мор-и́ть, to starve, famish, exhaust

Пле́нников мори́ли го́лодом. The prisoners were being starved.

о́б-мор-ок, fainting, swoon

Она́ упа́ла в о́бморок. She swooned.

МЕР-, (МѢР)-, MEASURE

ме́р-а, measure

Прими́те реши́тельные ме́ры про́тив ста́чечников. Take decisive measures against the strikers.

ме́р-ить, to measure

Вся́кий ме́рит на свой арши́н. Everyone measures with his own yardstick.

на-ме́р-ение, intention

У меня́ не́ было наме́рения оби́деть вас. I had no intention of offending you.

при-ме́р, example

Вот вам хоро́ший приме́р. Here is a good example for you.

при-мер-я́ть, to try on — Да́ма примеря́ет пла́тье. The lady is trying on a dress.

раз-ме́р, size — Како́го разме́ра ва́ши боти́нки? What size are your shoes?

у-ме́р-енный, temperate, moderate — В Калифо́рнии уме́ренный кли́мат. The climate in California is moderate.

МЕРЗ-, МОРОЗ-, COLD, FROST

мёрз-нуть, to be cold, freeze — Я мёрз всю зи́му. I froze all winter.

за-мерз-а́ть, to freeze — Вода́ замерза́ет в лу́же. The water in the puddle is freezing.

моро́з, frost, cold — Како́й вчера́ был моро́з! How bitterly cold it was yesterday!

моро́з-ить, to freeze — На дворе́ моро́зит. Outside it is freezing.

моро́ж-еное, ice cream — На сла́дкое по́дали моро́женое. For dessert they served ice cream.

МЕРК-, МРАК-, DARK

ме́рк-нуть, to grow dark, fade — День ме́ркнет. It is getting dark. (The day is fading.)

мерц-а́ть, to gleam, flicker — На тёмном не́бе мерца́ют звёзды. The stars flicker in the dark sky.

с-мерк-а́ться, to grow dark — Уже́ смерка́ется. Darkness is already falling. (It is already getting dark.)

мрак, darkness

В глуши царит мрак неве́-
жества. The darkness of
ignorance reigns in the
backwoods.

мра́ч-ный, sombre, gloomy

Отчего́ вы тако́й мра́чный?
Why are you so gloomy?

МЕС-, (МѢС)-, MIX, KNEAD, DISTURB

мес-и́ть, to knead, mix

Пора́ меси́ть те́сто для
пирога́. It's time to knead
the dough for the pie.

меш-а́ть, to disturb, hinder

Пожа́луйста не меша́йте мне.
Please do not disturb me.

в-меш-а́тельство, interference, meddling

Мы обойдёмся без вмеша́-
тельства посторо́нних. We
can get along without the
interference of strangers.

по-ме́х-а, hindrance, handicap

Плохо́е зре́ние ему́ больша́я
поме́ха. His poor eyesight
is a great handicap to him.

с-мес-ь, mixture, concoction

Он пьёт каку́ю-то смесь. He
is drinking a concoction of
some kind.

МЕСТ-, (МѢСТ)-, PLACE

ме́ст-о, place, seat

Уступи́те ей ва́ше ме́сто.
Let her have your seat.

ме́ст-ный, local

Ме́стный комите́т про́тив
э́той ме́ры. The local
committee is against this
measure.

за-ме́ст-и́тель, substitute

Он мой замести́тель. He is
my substitute.

раз-мещ-а́ть, ⎱ to seat,
раз-ме́ст-и́ть, ⎰ place

Госте́й размести́ли в пе́рвом
ряду́. The guests were
seated in the first row.

по-мéщ-ик, landowner

Помéщик пострадáл от по-жáра. The landowner suffered a loss from the fire.

MET-, SWEEP, TURN

мет-áть,
мес-тú, }to sweep

Служáнка метёт пол.   The maid sweeps the floor.

мет-лá, broom

Нáдо купúть нóвую метлý. (We) must buy a new broom.

мет-éль, blizzard, snowstorm

Из-зá метéли онú остáлись дóма.   They had to stay home because of a blizzard.

МИЛ-, DEAR, KIND

мúл-ый, kind, pleasant, nice

Он óчень мúлый человéк. He is a very nice (pleasant) man.

мúл-енький, dear, pretty

Какáя мúленькая дéвочка. What a pretty little girl!

мúл-ость, favor, grace, kindness

Мúлости прóсим!   (You are) welcome!

мúл-остыня, alms, charity

Нúщему дáли мúлостыню. They gave alms to the beggar.

мил-о-сéрдие, mercy, charity

Онá сестрá милосéрдия.   She is a sister of mercy.   (She is a red-cross nurse.)

МИР-, PEACE, WORLD

мир, peace

Вчерá заключúли мир. Peace was concluded yesterday.

мúр-ный, peaceful, peace

Мúрный дóговор подпúсан. The peace treaty is signed.

пере-ми́р-ие, truce

Переми́рие продолжа́лось три дня. The truce lasted three days.

по-ми́р-и́ть, to make peace, reconcile

Их на́до помири́ть. They must be reconciled.

МЛЕК-, МОЛОК-, MILK

млек-о-пита́ющийся, mammal

Коро́ва млекопита́ющееся живо́тное. The cow is a mammal.

млеч-ный, milky

Мле́чный путь я́сно ви́ден на не́бе. The milky way is clearly seen in the sky.

молок-о́, milk

Да́йте мне буты́лку молока́. Give me a bottle of milk.

моло́ч-ник, dairyman, milkman, milk-jug

Моло́чник принёс счёт. The milkman brought the bill.

МЛАД-, МОЛОД-, YOUNG

млад-е́нец, baby, infant, child

Спи мой младе́нец. Sleep, my baby!

млад-е́нчество, infancy, babyhood

Я зна́ю его́ с младе́нчества. I have known him since his infancy.

мла́д-ший, younger

Мла́дший брат в дере́вне. The younger brother is in the country.

молод-ёжь, youth

Золота́я молодёжь прово́дит вре́мя в пра́здности. The gilded youth spend their time in idleness.

молод-е́ть, to grow younger

Вы с ка́ждым днём молоде́ете. You are getting younger every day.

молод-éц, brave young fellow, clever fellow

Молодцы́, ребя́та, спаси́бо! You are brave fellows, thank you! (Well done, fellows, thank you!)

молод-óй, young

Кто э́тот молодо́й челове́к? Who is this young man?

с-мóлод-у, from the time of one's youth

Он смо́лоду привы́к рабо́тать. He got used to work (he had acquired the habit of working) from the time of his youth.

МН-, МИН-, OPINION

мн-éние, opinion, view

Мне хоте́лось бы услы́шать ва́ше мне́ние. I should like to hear your opinion (about it).

мн-и́тельный, mistrustful, suspicious, too anxious about one's health

Моя́ мать о́чень мни́тельна. My mother is too mistrustful. (My mother is too anxious about her health.)

по́-мн-ить, to remember

Не по́мните-ли вы его́ а́дреса? Don't you remember his address?

со-мн-ева́ться, to doubt

Я не сомнева́юсь в его́ че́стности. I don't doubt his honesty.

со-мн-éние, doubt

Без сомне́ния вы правы́. Undoubtedly you are right.

вс-по-мин-áть, to recall, remember, think of

Мы ча́сто их вспомина́ем. We often think of them.

по-ми́н-ки, a repast in commemoration of a deceased person

Вся семья́ собрала́сь на поми́нки. The whole family came to the memorial repast.

МНОГ-, MANY, MUCH

мно́г-ие, many	Мно́гие из них мне знако́мы. Many of them are familiar to me.
мно́г-о, much, many	Э́то вы́звало мно́го вопро́сов. This called forth many questions.
мног-о-чи́сленный, numerous	В э́том го́роде многочи́сленное населе́ние. This city has a numerous population.
мно́ж-ество, multitude, lot, great number	У меня́ мно́жество хлопо́т. I have a lot of trouble.
у-множ-а́ть, у-мно́ж-ить, } to multiply	Он умно́жил вдво́е свои́ дохо́ды. He doubled his profits.

МОГ-, ABLE, POWER

мог-у́чий, powerful, strong	Он могу́чий боре́ц. He is a powerful wrestler.
моч-ь, to be able	Я ничего́ не могу́ сде́лать. I am unable to do anything.
из-не-мог-а́ть, to be tired, exhausted, to break down	Она́ изнемога́ет от тяжёлого труда́. The heavy work has exhausted her.
по́-мощ-ь, help, assistance	Он нужда́ется в по́мощи. He is in need of help.
мо́ж-но, it is possible, one may, one can	Мо́жно-ли кури́ть? May I (one) smoke?

МОК-, WET

мо́к-нуть, to become wet, soak	Они́ мо́кли под дождём. They were soaking in the rain.

мо́к-рый, wet, damp

Мо́крое полоте́нце виси́т на крючке́. The wet towel is hanging on the hook.

моч-и́ть, to wet, dampen

Он мо́чит го́лову холо́дной водо́й. He wets his head with cold water.

МОЛ-, PRAY

мол-е́бен, Te Deum, thanks-giving service

У́тром служи́ли моле́бен. In the morning they had a Te Deum.

мол-и́тва, prayer

Он зна́ет все моли́твы на-изу́сть. He knows all the prayers by heart.

мол-и́ться, to pray, offer prayers

Стару́шка мо́лится пе́ред ико́ной. The old woman prays before an ikon.

мол-ь-ба́, entreaty, supplica-tion, prayer

Она́ обрати́лась к нему́ с горя́чей мольбо́й. She turned to him with an urgent prayer.

МОЛК-, SILENT, STILL

мо́лк-нуть, to grow still, hush down

Уж по́здно, всё мо́лкнет. It is late, everything is hushed down.

молч-а́ть, to be silent

Почему́ вы всегда́ молчи́те? Why are you always silent?

молч-а́ние, silence

Молча́ние знак согла́сия. Silence gives consent.

в-тихо-мо́лк-у, secretly, silently, noiselessly

Он засмея́лся втихомо́лку. He laughed noiselessly.

МУЖ-, MAN

муж, husband

Муж брани́л жену́. The husband scolded (his) wife.

муж-и́к, peasant	Мужи́к обраба́тывает зе́млю. The peasant cultivates the land.
муж-чи́на, man	В столо́вой бы́ло не́сколько мужчи́н. There were several men in the dining-room.
за́-муж, married, to marry	Она́ неда́вно вы́шла за́муж. She was married recently.

МУК-, FLOUR

мук-а́, flour	Принесли́ мешо́к муки́. They brought a sack of flour.
муч-но́й, farinaceous, flour	От мучно́й пи́щи полне́ют. They get (One gets) stout from (eating) farinaceous food.
мук-о-мо́льня, flour-mill	Мужи́к отвёз зерно́ на муко-мо́льню. The peasant took the grain to the flour-mill.

МУК-, TORTURE, TORMENT

му́к-а, torment, torture	Его́ обрекли́ на ве́чные му́ки. He was doomed to eternal torment.
муч-е́ние, torment, agony, pain, worry, vexation	Муче́ние с ва́ми, да и то́лько. You bring (give) me nothing but worry.
му́ч-ить, to torment, torture	Не му́чьте меня́. Don't torment me!

МУТ-, МЯТ-, TURBID, DISTURB

мут-не́ть, to grow dark, dim, dull	У меня́ в глаза́х мутне́ет. I am fainting. (Everything turns dark before my eyes.)

му́т-ный, turbid, troubled	Он ло́вит ры́бу в му́тной воде́. He is fishing in troubled waters.
мут-ь, muddiness	Э́то не чай, а кака́я-то муть. This is not tea, it's like muddy water.
с-му́т-а, discord, sedition, riot, troubled times	В Росси́и сму́та. There are troubled times in Russia.
с-мущ-а́ть, to disturb, perplex, embarrass, confuse	Вы меня́ смуща́ете. You embarrass me.
мят-е́ж, riot	Генера́л усмири́л мяте́ж. The general has crushed the riot.
без-мят-е́жный, quiet, undisturbed, peaceful	Он спал безмяте́жным сном. He slept peacefully.

МЫ-, WASH

мы́-ло, soap	Купи́те мне кусо́к мы́ла. Buy me a cake of soap.
мы-ть, to wash	Она́ мо́ет ру́ки. She washes her hands.
по-м-о́и, slops, dish-water	Помо́и вы́плеснули в я́му. The slops were splashed into the pit.

МЫСЛ-, THOUGHT

мысл-ь, thought, idea	Э́то прекра́сная мысль. This is a splendid idea.
мы́сл-ить, to think, reflect, reason	Я мы́слю, сле́довательно, я существу́ю. I think, therefore I exist.
мысл-и́тель, thinker	Его́ счита́ют кру́пным мысли́телем. They consider him a great thinker. (He is considered a great thinker.)

бес-с-мы́сл-ица, nonsense

Это су́щая бессмы́слица. This is sheer nonsense.

вы́-мысел, fiction, invention, fancy

В ска́зке мно́го вы́мысла. There is much fiction in a fairy tale.

вы́-мышл-енный, fictitious

Это не пра́вда, всё это вы́мышлено. This is not true, it is all fictitious.

за́-мысел, project, plan, scheme

Никто́ не знал о его́ за́мыслах. No one knew of his schemes.

про-мы́шл-енник, manufacturer, trader

Промы́шленник уе́хал на я́рмарку. The manufacturer left for the fair.

раз-мышл-е́ние, reflection, pondering, meditation

Он погрузи́лся в глубо́кое размышле́ние. He was lost in thought. (He was absorbed in deep meditation.)

раз-мышл-я́ть, to think, ponder

Мы размышля́ли о значе́нии жи́зни и сме́рти. We were pondering upon the meaning of life and death.

с-мысл, sense, idea, meaning

Како́й смысл э́того расска́за? What is the meaning of this story?

с-мышл-ёный, clever, bright, quick-witted

Он смышлёный па́рень. He is a clever fellow.

Н

НЕГ-, (НѢГ)-, LANGUOR, LUXURY

не́г-а, luxury, languor

Они́ живу́т в не́ге. They live in luxury.

не́ж-ничать, to pet, caress

По́лно не́жничать, пора́ е́хать! Stop petting, it's time to leave!

нéж-ный, tender, gentle	У неё нéжный гóлос. She has a gentle voice.

HEM-, (HѢM)-, NUMB, MUTE

нем-éть, to get numb	Мои пáльцы немéют от хóлода. My fingers are getting numb from cold.
нéм-ец, German	Он нéмец рóдом. He is of German descent.
нем-éцкий, German	Немéцкий язы́к трýден. The German language is difficult.
нем-óй, mute, dumb	Он глух и нем к её прóсьбам. He is deaf and dumb to her entreaties.

HEC-, HOC-, CARRY

нес-ти́, to carry, bring	Торгóвка несёт корзи́ну. The tradeswoman is carrying a basket.
нос-и́ть, to wear	Я ношý э́ту шýбу вторýю зи́му. I am wearing this coat the second winter.
нос-и́лки, stretcher	Рáненого принесли́ на носи́лках. The wounded man was brought on a stretcher.
нóш-а, load, burden	Э́та нóша сли́шком тяжелá для вас. This load is too heavy for you.
от-нош-éние, attitude, treatment	Меня́ удивля́ет вáше отношéние. Your attitude amazes me.
под-нóс, tray	На поднóсе стоя́л графи́н. A decanter was on the tray.
с-нóс-ный, passable, tolerable	Их воспи́танник снóсно говори́т по францýзски. Their pupil (ward) speaks French passably well.

НЗ-, НОЖ-, KNIFE, PIERCE

во-нз-и́ть, to pierce, plunge	Каза́к вонзи́л кинжа́л по руко́ять. The Cossack plunged his dagger to the hilt.
про-нз-и́ть, to pierce	Пу́ля пронзи́ла сте́ну. The bullet pierced the wall.
про-нз-и́тельный, shrill, piercing	Газе́тчик пронзи́тельно закрича́л. The newspaper man shouted in a shrill voice.
нож, knife	У меня́ нет ножа́. I have no knife.
но́ж-ницы, scissors	Портни́ха ре́жет мате́рию но́жницами. The seamstress cuts the material (dress goods) with the scissors.

НИЗ-, LOW, BELOW, DOWN

в-низ-у́, down, downstairs	Она́ внизу́. She is downstairs.
ни́з-кий, low	В э́той ко́мнате ни́зкий потоло́к. The ceiling in this room is low.
ни́з-ость, baseness, meanness	Вы спосо́бны на вся́кую ни́зость. You are capable of all kinds of meanness.
ни́ж-ний, lower, under, inferior	Ни́жний эта́ж сдаётся. The ground floor is for rent.

НОВ-, NEW

нов-и́нка, news, novelty	Друзья́ собрали́сь посмотре́ть на нови́нку. The friends came to have a look at the novelty.

нóв-ый, new

Нам нýжен нóвый учéбник. We need a new textbook.

нóв-шество, innovation

Они были против этого нóвшества.   They were against this innovation.

об-нóв-ка, new purchase, new dress, new thing

Поздравляю с обнóвкой.   I congratulate you on your purchase.

воз-об-нов-лять, ⎱ to renew,
воз-об-нов-ить, ⎰   resume

Я возобновил знакóмство с ним.   I have resumed friendly relations with him. (I have resumed my acquaintance with him.)

зá-нов-о, anew, like new

Им пришлóсь отдéлать квартиру зáново.   They had to redecorate their apartment entirely.

НУД-, NEED

при-нужд-áть,
⎫
⎬ to force,
⎭   compel
при-нуд-ить,

Онá принужденá былá согласиться. She was forced to agree.

Обстоятельства принудили егó продáть дом. The circumstances forced him to sell the house.

нужд-á, need, want

Они живýт в нуждé.   They live in want.

нужд-áться, to be in need, be in want

Я ни в чём не нуждáюсь.   I do not need anything.

нýж-ный, necessary, needed

Он был нýжен отцý.   His father needed him.

O

ОБЩ-, COMMON, SOCIAL

общ-éственный, social, public
Он дорожи́т обще́ственным мне́нием. He values public opinion.

о́бщ-ество, society
Она́ ре́дко быва́ет в о́бществе. She rarely appears in society.

о́бщ-ий, common, general
У нас о́бщее иму́щество. We have a common property.

общ-е-жи́тие, home, dormitory, asylum
Здесь два общежития для студе́нтов. There are two students homes here.

ОВ-, SHEEP

ов-ца́, sheep
Пасту́х пасёт ове́ц. The shepherd tends his sheep.

ов-е́чий, sheep's
Из ове́чьей ше́рсти ткут мате́рию. They make (weave) dress material of sheep's wool.

ов-чи́нный, sheep's
На нём овчи́нный тулу́п. He wears a sheepskin coat.

ОГН-, ОГОН-, FIRE

ого́н-ь, fire, light
Огни́ уже́ пога́сли. The lights are already out.

огн-ево́й, fire, fiery
Носи́ть огнево́е ору́жие воспреща́ется. It is not allowed to carry firearms.

о́гн-енный, fiery
Со́лнце на́ небе, как о́гненный шар. The sun in the sky is like a fiery sphere (ball).

ОК-, EYE

óк-о,}eye
óч-и,}eye

Óко за óко, зуб зá зуб. An eye for an eye, a tooth for a tooth.

ок-нó, window

Окнó выхóдит в сад. The window faces the garden.

оч-ки́, glasses

Где мои́ очки́? Where are my glasses?

за-óч-но, without seeing, out of sight, behind one's back

Я ничегó не покупáю заóчно. I buy nothing without seeing it first.

П

ПАД-, FALL

пáд-ать, to fall, drop

Я́блоко пáдает с дéрева. An apple drops from the tree.

пáд-кий, inclined, having a weakness

Он пáдок на лесть. He has a weakness for flattery.

про-пáс-ть(про-пад-ть), to disappear, perish

Кудá вы пропáли? Where did you disappear?

у-пáс-ть, to fall

Мáльчик упáл с лóшади. The boy fell down from a horse.

зá-пад, west

Сóлнце клóнится к зáпаду. The sun is rolling westward.

зá-пад-ник, westerner

Тургéнев был зáпадником. Turgenev was a westerner.

на-пад-éние, attack, assault

Нóчью совершили нападéние. The attack was made at night.

при-пáд-ок, fit, attack

Мой дед страдáет припáдками. My grandfather suffers from fits.

у-пад-ок, decline, decay, weakness, collapse, breakdown

У мужа полнейший упадок сил. (Her, my) husband has had a breakdown.

ПАЛ-, ПЛ-, ПЕЛ-, FIRE, FLAME

пал-ить, to fire, singe, burn, scorch

Палят из пушек. They are firing the guns.

пал-ь-ба, firing, cannonade

Началась убийственная пальба. A deadly cannonade was started.

вос-пал-ение, inflammation

У неё воспаление лёгких. She is stricken with pneumonia.

за-пал-ь-чивый, quick-tempered

Он очень запальчив. He is a quick-tempered man.

пл-амя, flame

Вспыхнуло ослепительное пламя. A dazzling flame flared up.

пл-аменный, fiery, flaming, ardent

Он уверял её в пламенной любви. He was assuring her of his ardent love.

пе-пел, ashes

От костра остался только пепел. Only the ashes remained from the bonfire.

пе-пел-ь-ница, ash-tray

На столе нет пепельницы. There is no ash-tray on the table.

ПАР-, STEAM

пар, steam, vapour, mist

Весной пар от земли идёт. In spring the mist comes up from the ground.

пар-ить, to steam, stew

На дворе сегодня парит. The weather is sultry today.

пар-о-воз, steam-engine, locomotive

Паровоз пыхтит в гору. The engine is puffing up-hill.

пар-о-хо́д, steamer, boat

На парохо́де мно́го пасса-
жи́ров.   There are many
passengers on board.

ис-пар-я́ться, to evaporate

В жару́ вода́ испаря́ется
бы́стро.   In hot weather
water evaporates quickly.

ПАС-, TEND, HERD

пас-ти́, to tend, herd

Он пасёт коро́в.   He tends
the cows.

пас-ту́х, shepherd

Пасту́х со ста́дом возвра-
ща́ется в дере́вню.   The
shepherd with his flock is
returning to the village.

па́с-т-бище, pasture

На па́стбище мно́го скота́.
In the pasture there are
many cattle.

за-па́с, stock, store, supply,
provision

У нас большо́й запа́с верна́.
We have a large supply of
grain.

при-па́с-ы, supplies, provisions

Она́ отпра́вилась за с'ест-
ны́ми припа́сами.   She
went to get the food sup-
plies (the provisions).

ПАХ-, PLOUGH

па́х-арь, tiller, farmer, ploughman

Па́харь поёт зво́нкую пе́сню.
The ploughman sings a
sonorous song.

пах-а́ть, to plough

Их наня́ли паха́ть по́ле.
They were hired to plough
the field.

па́ш-ня, tillage, field

На па́шне зеленеет о́зимь.
The winter corn (grain)
looks green in the field.

ПАХ-, SMELL

пáх-нуть, to smell

Рóза приятно пáхнет. The rose smells pleasant. The rose has a pleasant smell.

пах-ýчий, fragrant

Онá держáла пахýчий цветóк. She held a fragrant flower.

зá-пах, smell, odour, scent

Какóй здесь éдкий зáпах! What an acrid smell is here!

ПЕК-, BAKE

пéк-арь, baker

Пéкарь продаёт хлеб. The baker sells bread.

пек-áрня, bakery

Егó послáли в пекáрню. He was sent to the bakery.

печ-ь (пек-ть), to bake

Когдá вы бýдете печь пирогú? When will you bake the pies?

печ-éнье, baking, pastry, cookies

К чáю пóдали печéнье. The pastry was served at tea.

пéч-ка, stove

Старúк грéется у пéчки. The old man is warming himself at the stove.

пéч-ень, liver

У негó расширéние пéчени. He has a distended liver.

печ-áль, sadness, sorrow

На её лицé печáль. She looks sad. (There is sadness in her face.)

о-пек-ýн, guardian

Мой опекýн чéстный человéк. My guardian is an honest man.

ПЕР-, ПИР-, ПОР-, LOCK, SHUT

за-пир-áть,⎫ to shut,
за-пер-éть,⎭ lock

Я забыл заперéть дверь. I forgot to shut (lock) the door.

вза-пер-ти́, to be shut up, under lock and key

Она́ сиди́т взаперти́. She is shut in.

о-пир-а́ться, to set, fix, rest, lean

Он опира́лся о стол. He was leaning against the table.

за-по́р, bolt, lock, bar

Э́ти воро́та всегда́ на запо́ре. These gates are always bolted.

у-по́р-ствовать, to persist, resist, to be stubborn

По́лно упо́рствовать, пойдём-те. Enough of your stubbornness, let's go!

ПЕ-, (ПѢ)-, SING

пе-ть, to sing

Вы хорошо́ поёте. You sing well.

пе-ве́ц, singer

О́перный певе́ц вы́шел на сце́ну. An opera singer appeared on the stage.

пе́-ние, singing

Я люблю́ церко́вное пе́ние. I like church singing.

пе́-сня, song

Э́то наро́дная пе́сня. This is a folk song.

пе-ту́х, rooster

Пету́х пропе́л три ра́за. The rooster crowed three times.

на-пе́-в, tune

Мне знако́м э́тот напе́в. This tune is familiar to me.

на-рас-пе́-в, in a singsong voice, to intone

Он чита́л моли́тву нараспе́в. He was reading (saying) the prayer in a singsong voice.

ПЕЧАТ-, (ПЕК)-, SEAL, PRINT

печа́т-ь, seal, print

К письму́ прило́жена печа́ть. A seal is attached to the letter. (The letter is sealed.)

печа́т-ать, to print, publish	Э́ту ру́копись ско́ро бу́дут печа́тать. This manuscript will soon be printed (published).
рас-печа́т-ывать ⎱ to open, break open, unseal рас-печа́т-ать, ⎰	Конто́рщик распеча́тывает паке́т. The clerk is opening the parcel.
в-печат-ле́ние, imprint, impression	Он произвёл на меня́ хоро́шее впечатле́ние. He made a good impression on me.
о-печа́т-ка, misprint	В кни́ге мно́го опеча́ток. There are many misprints in the book.

ПИ-, ПОЙ-, DRINK

пи-ть, to drink	Я хочу́ пить. I want a drink. (I am thirsty.)
пи-тьё, beverage	Что э́то за питьё? What kind of beverage is it?
пь-яне́ть, to get drunk	От э́того вина́ бы́стро пьяне́ют. This wine makes one drunk quickly.
пь-я́ный, drunken man, drunkard	Пья́ный шата́лся по у́лице. The drunken man was staggering on the street.
пи́-во, beer	Не хоти́те-ли пи́ва? Would you like some beer?
пи-вна́я, beer-saloon, bar-room	Пойдёмте в пивну́ю. Let's go to the (beer) saloon.
на-пи́-ться, to drink, to slake one's thirst, to get drunk	Они́ напили́сь. They drank enough. (They got drunk.)
за-по́й, fit of hard drinking	Он пьёт запо́ем. He has fits of hard drinking.
на-пой-ть, to give to drink	Чем бы вас напои́ть? What shall I offer you to drink?

по-пой-ка, spree, drinking-bout	У студе́нтов была́ попо́йка. The students had a spree.

ПИС-, WRITE

пис-а́ть, to write	Уме́ете-ли вы писа́ть? Can you write?
пис-а́тель, writer, author	Писа́тель напеча́тал но́вый рома́н. The writer has published a new novel.
пис-ь-мо́, letter	Мы ещё не получи́ли ва́шего письма́. We have not received your letter yet.
за-пи́с-ка, note	Оста́вьте ему́ запи́ску. Leave him a note.
о́-пис-ь, list, inventory	Они́ соста́вили о́пись иму́щества. They made an inventory.
пере-пи́с-ка, correspondence	Ме́жду ни́ми завяза́лась перепи́ска. A correspondence started between them.
рас-пис-а́ние, schedule, time-table	Доста́ньте расписа́ние пое́здов. Get me a (train) schedule. (Get me a time-table.)

ПИСК-, SQUEAK

писк, squeak, peep, chirp, cheep	В сара́е писк цыпля́т. The chicks peep in the barn.
писк-ли́вый, squeaky	У э́того профе́ссора пискли́вый го́лос. This professor has a squeaky voice.
пищ-а́ть, to squeak, whine, wail	В лю́льке пища́л младе́нец. The infant wailed in the cradle.

ПИТ-, FEED, NOURISH

пит-а́ть, to foster, nourish, feed, cherish

Надёжда юношей пита́ет. Youth is nourished by hope.

пит-а́ние, nourishment

Вам необходи́мо уси́ленное пита́ние. You need a nourishing food. (You need a high caloric diet.)

пищ-а́, food

По́вар приготовил вку́сную пи́щу. The cook has prepared a savory dish.

вос-пи́т-ывать, вос-пит-а́ть, } to bring up, educate

Они́ хорошо́ воспи́тывают своего́ сы́на. They are bringing up their son well.

ПЛАТ-, ПОЛОТ-, DRESS, LINEN

пла́т-ье, dress

На ней но́вое пла́тье. She is wearing a new dress.

плат-о́к, handkerchief

В карма́не носово́й плато́к. A handkerchief is in the pocket.

плащ, cloak, wrap

Он купи́л непромока́емый плащ. He bought a water-proof cloak.

полот-е́нце, towel

Принеси́те чи́стое полоте́нце. Bring me a clean towel.

полот-но́, linen

Ба́ба соткала́ кусо́к полотна́. The peasant woman has woven a piece of linen.

полот-ня́ный, linen

На посте́ли полотня́ная про-стыня́. A linen sheet is on the bed.

ПЛАТ-, PAY

пла́т-а, pay, payment, fee, charge, salary, wages

Она́ получа́ет ни́зкую пла́ту за труд. She gets low wages for her work.

плат-ёж, payment	Наступи́л срок платежа́. Payday has come.
плат-и́ть, to pay	За кварти́ру я плачу́ вперёд. I pay in advance for my apartment. (I pay my rent in advance.)
бес-пла́т-ный, free of charge	Они́ у́чатся в беспла́тной шко́ле. They attend (study in) a free school.

ПЛЕТ-, WEAVE

плёт-ень, fence, wattle	Наш плётень сде́лан из пру́тьев. Our fence is made of wattle rods.
плет-ь, lash, whip	Он бил ло́щадь пле́тью. He was lashing his horse.
плес-ти́, to weave, tat	Крестья́нки плету́т то́нкое кру́жево. The peasant women weave fine lace.
за-плет-а́ть, to braid, plait	Де́вушка заплета́ет ко́су. The young girl braids her hair.
пере-плес-ти́, to bind, interlace	Мне на́до переплести́ э́тот слова́рь. I must have a binding for this dictionary.
пере-плёт, cover, binding	Сде́лайте ко́жаный переплёт. Make a leather binding.

ПЛОСК-, FLAT

пло́ск-ий, flat, trivial	Э́то пло́ская шу́тка. This is a trivial joke.
пло́ск-ость, flat, plane	Мы стои́м на ро́вной пло́скости. We are on a level plane.

площ-а́дка, platform, landing, patio

Пе́ред до́мом площа́дка. There is a patio in front of the house.

пло́щ-адь, square, esplanade

На пло́щади мно́го наро́ду. There are many people in the square.

ПЛЫ-, ПЛАВ-, SWIM, FLOAT

плы-ть, to swim, float

Тру́дно плыть про́тив тече́ния. It is difficult to go (swim) against the tide.

от-плы́т-ие, departure, sailing

Отплы́тие парохо́да в два часа́. The boat sails at two o'clock.

пла́в-ать, to swim.

Я учу́сь пла́вать. I am learning to swim.

пла́в-ание, trip, voyage, navigation

Моря́к отпра́вился в пла́вание. The seaman went off to sea.

ПОЛК-, REGIMENT

полк, regiment

В го́роде стои́т полк. There is a regiment in town.

полк-о́вник, colonel

Наш полко́вник строг. Our colonel is strict.

полк-ово́й, regimental

На балу́ игра́л полково́й орке́стр. The regimental band played at the ball.

о-полч-е́ние, militia

Нача́льник ополче́ния дал прика́з выступа́ть. The head of the militia gave orders to start.

о-полч-и́ться, to take arms, rise against

Вся рать ополчи́лась про́тив него́. The entire host rose against him.

ПОЛН-, FULL

полн-е́ть, to become stout	Вы сли́шком полне́ете. You are getting too stout.
по́лн-ый, full	У них по́лон дом госте́й. Their house is full of guests.
вы-полн-я́ть,⎫ to carry out, вы́-полн-ить,⎭ execute, fulfil	Они́ вы́полнили зада́ние. They have carried out the task.
ис-полн-е́ние, fulfilment, execution	Прика́з приведён в исполне́ние. The order (verdict) was carried out.
по-по́лн-ить, to fill up, supplement, add	Он хо́чет попо́лнить пробе́лы своего́ образова́ния. He wants to fill the gaps in his education.

ПРАВ-, TRUTH, RIGHT

пра́в-да, truth	Он не всегда́ говори́т пра́вду. He does not always speak the truth.
пра́в-ило, rule, principle	Нет пра́вила без исключе́ния. There is no rule without an exception.
пра́в-ить, to rule	Дикта́тор пра́вит желе́зной руко́й. The dictator rules (governs) with an iron hand.
пра́в-ый, right, correct	Вы, как всегда́, правы́. As usual, you are right.
прав-о-сла́вный, orthodox	Она́ правосла́вного вероиспове́дания. She is of orthodox faith.

ПРАХ-, ПОРОХ-, DUST, POWDER

прах, dust, earth, ruin	Всё пошло́ пра́хом. All went to rack and ruin.

по́рох, gun powder	На скла́де взорва́лся по́рох. The gun powder exploded in the warehouse.
порох-ово́й, gun powder	На порохово́м заво́де забасто́вка. There is a strike at the gunpowder works.
порош-о́к, powder	Мне ну́жен зубно́й порошо́к. I need some tooth powder.

ПРЕТ-, FORBID, ARGUE

за-прещ-а́ть, за-прет-и́ть, } to forbid	Ему́ запреща́ют туда́ ходи́ть. They forbid him to go there.
за-прещ-е́ние, prohibition	Не взира́я на запреще́ние, он вошёл. In spite of the prohibition, he went in.

ПРОС-, BEG

прос-и́ть, to beg, ask, request	Про́сят не шуме́ть. They ask not to make noise.
про́с-ь-ба, request, petition	У меня́ к вам больша́я про́сьба. I have a great favor to ask of you.
прош-е́ние, application	Проше́ние уже́ по́дано. The application has already been presented.
до-про́с, examination, inquest, hearing	Его́ повели́ на допро́с. He was taken to an inquest.
с-прос, demand	На э́тот това́р нет спро́су. There is no demand for this merchandise.

ПРОСТ-, SIMPLE, EXCUSE

прост-о́й, simple	Э́то о́чень просто́й приме́р. This is a very simple example.

прост-отá, simplicity, frankness, artlessness

Егó уважáют за простотý обращéния. They respect him for his artless manners.

прощ-áть, }
прост-úть, } to forgive

Простúте меня пожáлуйста. Please forgive me.

прощ-éние, forgiveness, pardon, excuse

Он заслýживает прощéния. He deserves forgiveness (pardon).

ПРУГ-, ПРЯГ-, SPRING, HARNESS

у-прýг-ий, elastic, resilient, springy

У негó упрýгие мýскулы. He has an elastic body (muscles).

пруж-úна, spring

В часáх сломáлась пружúна. The watch spring broke.

су-прýг-а, wife

Приходúте к нам с супрýгой. Come and see us with your wife.

су-прýж-еский, wedded

Супрýжеская жизнь егó привлекáла. Wedded life appealed to him.

в-пряг-áть, to harness

В телéгу впрягáют пáру волóв. A yoke of oxen is harnessed to a cart.

на-пряж-éние, strain, stress, effort

Эта рабóта трéбует огрóмного напряжéния. This work takes an awful lot of effort. (This work is very strenuous.)

ПРЫГ-, JUMP

прыг-ать, }
прыг-нуть, } to jump

Ктó-то прыгнул чéрез забóр. Someone jumped over the fence.

прыж-óк, jump, leap, somersault

Он сдéлал большóй прыжóк. He turned a somersault.

ПРЯД-, STRAND, YARN, SPIN

пряд-ь, strand, twist, yarn, lock, tuft	Она отрезала прядь волос. She cut off a strand of hair.
пряд-ильный, spinning	Работница поступила на прядильную фабрику. The factory woman went to work at a spinning mill.
пряс-ть, to spin	Вам следует научиться прясть. You must learn to spin.
пряж-а, yarn, thread	Старуха несёт пряжу домой. The old woman takes the yarn home.
прях-а, spinner	Пряха сидит за веретеном. The spinner is sitting at the spinning-wheel.

ПТ-, BIRD

пт-ица, bird	Птица вьёт гнездо. The bird is building a nest.
пт-енец, fledgeling	На траве пищит птенец. The fledgeling is chirping in the grass.
пт-ашка, little bird	Пташка клюёт зерно. The little bird is pecking the grain.

ПУГ-, FRIGHT

пуг-ать, to frighten, startle	Не пугайте её. Don't frighten her.
пуг-ливый, timid, shy, fearful	Наша лошадь пуглива. Our horse shies.
ис-пуг, fear, fright	Она побледнела от испуга. She turned pale with fright.

ПУСК-, ПУСТ-, LET

пуск-а́ть, пуст-и́ть, } to let, allow, permit	Его́ не пуска́ют к реке́. They won't let him go to the river. Пусть он де́лает как хо́чет. Let him do as he pleases.
вы-пуск-но́й, final	Она́ провали́лась на вы́пускно́м экза́мене. She failed at the final examination.
о́т-пуск, leave of absence	Он уе́хал в о́тпуск. He went away on a leave.
про́-пуск, pass, permit	Мне да́ли про́пуск. They gave me a pass.
у-пущ-е́ние, omission, negligence, fault, mistake, oversight	Э́то упуще́ние тру́дно испра́вить. It is difficult to correct this mistake.

ПУСТ-, EMPTY

пуст-о́й, empty, vacant, futile, idle, frivolous	Они́ веду́т пусто́й о́браз жи́зни. They lead an empty life.
пуст-ы́ня, desert	В пусты́нях обыкнове́нно живу́т коче́вники. The nomads usually live in the deserts.
пуст-ы́рь, vacant lot	Э́тот пусты́рь преврати́ли в парк. This vacant lot was turned into a park.
пуст-я́к, trifle, nothing, nonsense	Всё э́то пустяки́! All this is a mere trifle.
пуст-я́чный, trivial, trifling, paltry, petty	Э́то пустя́чное предприя́тие. This is a trivial project.

ПУТ-, ROAD, WAY

пут-ь, road, way, trip, jour-ney

Счастли́вого пути́! Happy journey!

пут-ево́й, travelling

Его́ путевы́е заме́тки появи́лись в печа́ти. His travelling notes appeared in print.

по-пу́т-чик, fellow-traveller

Я вам не попу́тчик. I am not your fellow-traveller.

ПУХ-, DOWN

пух, down

Из поду́шки вы́сыпался пух. The down came out of the pillow.

пух-ово́й, down, downy

У неё пухово́е одея́ло. She has a downy comforter.

пуш-и́стый, downy, fluffy

Она́ заку́талась в пуши́стый плато́к. She muffled herself in a fluffy shawl.

пу́х-нуть, to swell

Щека́ ста́ла пу́хнуть. The cheek began to swell.

о́-пух-оль, swelling, tumour

На ноге́ появи́лась о́пухоль. There appeared a swelling on the leg.

пу́х-лый, plump, chubby

Ко мне тя́нутся пу́хлые ру́чки. Chubby little hands stretch out towards me.

ПЫТ-, TRY, ATTEMPT

пыт-а́ться, to attempt, try

Я пыта́лась не́сколько раз зайти́ к вам. I made several attempts to call on you.

до-пы́т-ываться, to poke and pry, question, try to find out

Чего́ вы всё вре́мя допы́тываетесь? What are you trying to find out?

ó-пыт, experiment, test	В лаборатóрии производи́ли óпыт. An experiment was being made in the laboratory.
по-пы́т-ка, attempt	Он сдéлал попы́тку к бéгству. He made an attempt to escape.
пы́т-ка, torture, torment	Егó подвéргли морáльной пы́тке. He was subjected to mental torture.

Р

РАБ-, SLAVE

раб, slave	Он раб своéй стрáсти. He is a slave of his passion.
рáб-ство, slavery	Человéчество освободи́лось от рáбства. Mankind has freed itself from slavery.
раб-óта, work	У меня́ мнóго рабóты. I have much work to do.
раб-óтать, to work	Они́ рабóтают по цéлым дням. They work all day long.
раб-óчий, workman	Рабóчие басту́ют. The workmen are on strike.

РАВ-, EQUALITY

рáв-енство, equality	Рáвенство тóлько мечтá. Equality is only a dream.
рав-ни́на, plain	Пéред нáми однообрáзная равни́на. A monotonous plain is before us.
рáв-ный, equal, match, like, similar	Ему́ нет рáвного. There is no one like him.

с-рав-не́ние, comparison

Не де́лайте таки́х сравне́ний. Don't make such comparisons.

РАД-, GLAD

ра́д-ость, joy, gladness

Она́ пры́гает от ра́дости. She is dancing for joy.

ра́д-остный, glad, joyous, cheerful

Мы получи́ли ра́достное изве́стие. We received the glad tidings.

рад-у́шный, cordial, affable, hospitable

Его́ при́няли раду́шно. They met him hospitably. (They met him cordially.)

РАЗ-, ONCE, FELL, DEFEAT, IMPRINT, INFLICT

раз, once

Я был там то́лько раз. I was there only once.

раз-и́ть, to fell, strike

Сло́во сильне́е пу́ли рази́т. The word strikes more powerfully than a bullet.

воз-раж-а́ть, to object, retort, contradict

Вам не́чего возража́ть на э́то. You have nothing to say to this. (You cannot object to this.)

за-ра́з-а, contagion, infection

Зара́за бы́стро распространи́лась. The contagion spread fast.

о́б-раз, image, shape, form, manner, trend

Мне не нра́вится ваш о́браз мы́слей. I don't like the trend of your thoughts.

об-ра́з-чик, sample

Да́йте ей образчик э́той мате́рии. Give her a sample of this material.

без-об-ра́з-ие, deformity, unseemliness, indecency, disorder

Что за безобра́зие! How indecent! (What a shame!)

РАЗ-, DIFFERENT

ра́з-ница, difference — Ра́зница в цене́ небольша́я. There is a small difference in price.

ра́з-ный, different — У нас ра́зные вку́сы. We have different tastes.

раз-но-об-ра́з-ный, diverse, various — Ученики́ писа́ли на раз-нообра́зные те́мы. The pupils wrote on various topics.

РЕЗ-, (РѢЗ)-, CUT

ре́з-ать, to cut — Хозя́йка ре́жет хлеб. The hostess cuts the bread.

ре́з-кий, sharp, cutting, harsh — Письмо́ напи́сано ре́зко. The letter is written harshly.

рез-ня́, massacre, butchery — Ра́спря ко́нчилась резнёй. The feud ended in a massacre.

от-ре́з-ать, to cut — Отре́жьте мне кусо́к сы́ру. Cut a slice of cheese for me.

РЕШ-, (РѢШ)-, DECIDE, SOLVE

реш-а́ть,⎫ to work out, solve, decide
реш-и́ть,⎭ — Они́ реши́ли зада́чу. They worked out the problem.

реш-е́ние, decision — К како́му реше́нию вы при-шли́? To what decision have you come?

реш-и́тельный, resolute, determined, bold — Это реши́тельный посту́пок. This is a resolute (bold) action.

раз-реш-е́ние, permission, permit, license — Ему́ вы́дали разреше́ние на вы́езд. They gave him a permit to go abroad.

РОД-, BIRTH, TRIBE, NATURE

род, family, generation, tribe, native — Он ро́дом из Москвы́. He is a native of Moscow.

ро́д-ина, native country — Она́ уе́хала на ро́дину. She went to her native country.

род-и́ть,
рож-а́ть, } to give birth — Жена́ родила́ ему́ сы́на. The wife bore him a son. (His wife gave birth to a son.)

род-и́тели, parents — Мои́ роди́тели о́чень стары́. My parents are very old.

род-но́й, kin, own — Он мой родно́й брат. He is my own brother.

на-ро́д, people — Ру́сский наро́д гостеприи́мен. The Russian people are hospitable.

при-ро́д-а, nature, structure — Я изуча́ю приро́ду расте́ний. I am studying the nature (structure) of plants.

у-ро́д, monster, ugly being — Посмотри́те на э́того уро́да. Look at this monster.

у-рож-а́й, harvest — В э́том году́ хоро́ший урожа́й. The harvest is good this year.

рожд-е́ние, birth — Поздравля́ю с днём рожде́ния. I congratulate (you) upon your birthday.

воз-рожд-е́ние, regeneration, renascence, renaissance — Эпо́ха возрожде́ния. The period of renaissance.

РОСТ-, РАСТ-, GROWTH

рост, stature — Челове́к высо́кого ро́ста. A tall man (of tall stature).

раст-и́,
рост-и́, } to grow — В по́ле растёт трава́. The grass grows in the field.

ро́с-лый (рост-лый), tall — В э́том полку́ ро́слые солда́ты. There are tall soldiers in this regiment.

раст-е́ние, plant — У нас мно́го ре́дких расте́ний. We have many rare plants.

во́з-раст, age	Мы одного́ во́зраста с ним. We are of the same age as he.
ро́щ-а, grove	Недалеко́ отсю́да берёзовая ро́ща. There is a grove of birches not far from here.

РУБ-, CUT, CHOP, LIMIT

руб-и́ть, to cut, chop	Он ру́бит дрова́. He is chopping wood.
руб-е́ж, border, limit	Мой дя́дя живёт за рубежо́м. My uncle lives beyond the border. (My uncle lives abroad.)
ру́б-ленный, cut, chopped	Они́ заказа́ли ру́бленные котле́ты. They ordered some (minced) meat balls.
руб-ль, rouble	Одолжи́те мне рубль. Lend me a rouble.

РУК-, HAND, VOUCH

рук-а́, hand, arm	Он замаха́л рука́ми. He began to wave his hands.
рук-а́в, sleeve	Рука́в по́рван. The sleeve is torn.
рук-ави́ца, mitten	Возьми́те с собо́й рукави́цы. Take your mittens.
руч-а́ться, to vouch, guarantee	Я за него́ руча́юсь. I vouch for him.
по-ру́к-а, surety, pledge, bail	Его́ отпусти́ли на пору́ки. He was released on bail.
по-руч-е́ние, errand, commission	Не дава́йте ей поруче́ний. Don't give her any errands.

РЫБ-, FISH

рыб-а, fish	В э́том о́зере мно́го ры́бы. There are plenty of fish in this lake.
рыб-а́к, fisherman	Вот идёт рыба́к с у́дочкой. There goes the fisherman with his rod.
рыб-а́чий, fisherman's, fishing	Волна́ опроки́нула рыба́чью ло́дку. The wave overturned the fishing smack.
рыб-оло́вство, fishing	Рыболо́вство вы́годный про́мысел. Fishing is a profitable trade.

С

САД-, СЕД-, (СѢД)-, СИД-, SIT, SEAT

сад, garden	Мы гуля́ем в саду́. We walk in the garden.
сад-и́ться, to sit down, be seated	Сади́тесь пожа́луйста. Please sit down. (Please be seated.)
сад-о́вник, gardener	Садо́вник продаёт цветы́. The gardener sells flowers.
саж-а́ть, to plant	Он сажа́ет дере́вья. He is planting trees.
у-са́д-ь-ба, homestead, country seat	Пе́ред на́ми уса́дьба. Before us there is a country seat.
у-са́ж-иваться, to be seated, take one's seat	Уса́живайтесь, господа́! Be seated, gentlemen! (Take your seats, gentlemen!)
сес-ть (сѣд-ть), to sit, get into, get at	Пора́ сесть за рабо́ту. It's time to start (get at) the work.
сед-ло́, saddle	Он е́здит верхо́м без седла́. He rides on horseback without a saddle.

за-сед-а́ние, conference, meeting

Сего́дня не бу́дет заседа́ния. There will be no conference today.

пред-сед-а́тель, chairman

Председа́тель за́нял ме́сто. The chairman took his seat.

сид-е́ть, } to sit,

Он сиди́т в кре́сле. He is sitting in an arm-chair.

по-сид-е́ть, } to sit, stay

Посиди́те ещё не́сколько мину́т. Stay a few minutes longer.

СВЕТ-, (СВѢТ)-, LIGHT, WORLD

свет, light, world

Он об'е́здил весь свет. He has travelled all over the world.

свет-а́ть, to grow light

Уже́ света́ет. It is getting light. (It is already dawn.)

свет-ле́ть, to clear up, get brighter

Не́бо светле́ет. The sky is clearing.

све́т-лый, bright, light-colored

На ней све́тлое пла́тье. She is wearing a light-colored dress.

све́т-ский, worldly, mundane, secular

Его́ счита́ют све́тским челове́ком. He is considered a worldly man. (He is considered a man of the world.)

свеч-а́, candle

Свеча́ догора́ет. The candle is burning low.

про-све́ч-ивать, to shine through, to be translucent, pass through

Со́лнце просве́чивает сквовь облака́. The sun shines through the clouds.

про-свещ-е́ние, enlightenment, education

Он выступа́ет про́тив наро́дного просвеще́ния. He comes out against popular education.

СВОБ-, FREE

своб-о́да, freedom, liberty

Я даю́ вам по́лную свобо́ду де́йствия. I am giving you complete freedom of action. (I am giving you a free hand.)

о-своб-оди́ть, to free, release

Его́ не ско́ро освободя́т. They won't release him soon.

о-своб-ожда́ться, to get free, get off

В кото́ром часу́ вы освобожда́етесь? At what time do you get off?

СВЯТ-, HOLY

свят-и́ть, to sanctify, consecrate, bless

Вчера́ святи́ли но́вые знамёна. Yesterday they consecrated the new banners.

свят-о́й, saint, saintly, holy

Свята́я Русь — на́ша ро́дина. Holy Russia is our mother country.

свят-ки, yuletide, Christmas holidays

На свя́тках мно́го весёлых игр. At Christmas time there are many merry games.

свящ-е́нник, priest

Свяще́нник вы́нес распя́тие. The priest brought out the crucifix.

СЕ-, (СѢ)-, SEED, SOW

се́-ять, to sow

Крестья́не се́ют пшени́цу. The peasants are sowing the wheat.

се́-мя, seed, grain

Се́мя упа́ло на хоро́шую по́чву. The grain fell on fertile ground.

се-ть, net, network

Его лицо покрыто сетью морщин. His face is covered with a network of wrinkles.

се́-тка, net

Бабочка попала в сетку. The butterfly got into a net. (The butterfly was caught in a net.)

СЕК-, (СѢК)-, AXE, CHOP

сек-и́ра, axe, hatchet, battle-axe

Секира старинное оружие. The battle-axe is an ancient weapon.

сеч-ь, to whip, flog, thrash

Его часто секли. He was often flogged.

на-сек-о́мое, insect

В огороде много насекомых. There are many insects in the vegetable garden.

пере-сек-а́ть, to cross, cut into, intersect

Овраг пересекает дорогу. The ravine cuts into the road.

СЕРД-, СЕРЕД-, СРЕД-, HEART, MIDDLE, MEAN

серд-це, heart

У него слабое сердце. He has a weak heart.

серд-е́чный, hearty, cordial

Шлю вам сердечный привет. I am sending you my cordial greetings.

серд-и́ться, to be angry, to fret

Не сердитесь на меня. Don't be angry with me!

серед-и́на, middle

Мы едем на дачу в середине лета. In the middle of summer we are going to the country.

сред-а́, environment, surroundings, medium

Среда его загубила. The environment ruined him.

сре́д-ний, middle	Челове́к сре́дних лет. A middle-aged man.
сре́д-ство, means	У них ограни́ченные сре́дства. Their means are limited.
по-сре́д-ник, intermediary, agent	Он посре́дник по прода́же недви́жимости. He is a real-estate agent.

СКАК-, LEAP

скак-а́ть, to leap, bound, gallop	Кто ска́чет на коне́? Who is galloping there?
скач-о́к, jump, leap, skip	Он сде́лал большо́й скачо́к. He made one big leap.
ска́ч-ки, horse-race	Мы бы́ли на ска́чках. We were at the horse-race.
вы́-скоч-ка, upstart	Я не люблю́ вы́скочек. I don't like upstarts.

СЛ-, СОЛ-, СЫЛ-, SEND

сл-ать, to send	Он шлёт письмо́ по возду́шной по́чте. He is sending a letter by air mail.
при-сл-а́ть, to send	Нам присла́ли биле́ты на конце́рт. They sent us concert tickets.
по-со́л, ambassador	Ру́сский посо́л при́был в Вашингто́н. The Russian ambassador arrived in Washington.
по-со́л-ь-ство, embassy	Мой брат слу́жит в посо́льстве. My brother is employed at the embassy.
по-сыл-а́ть, to send	Она́ посыла́ет нам цветы́ ка́ждый день. She sends us flowers every day.

по-сы́л-ка, parcel, package

Получи́ли-ли вы посы́лку?
Did you receive the pack-
age?

с-сы́л-ь-ный, convict, exile

Оди́н из ссы́льных бежа́л.
One of the convicts escaped.

СЛАВ-, СЛОВ-, СЛУ-, СЛЫ-, SLAV, FAME, WORD, KNOW, HEAR

сла́в-а, fame, glory, renown

Сла́ва Бо́гу, она́ вы́здоровела.
Thank God (Glory to God),
she has recovered!

сла́в-иться, to have a repu-
tation, to be famous

Э́тот край сла́вится свои́м
кли́матом. This country is
famous for its climate.

сла́в-ный, famous, renowned,
nice

Ваш оте́ц сла́вный челове́к.
Your father is a nice man.

слав-яни́н, Slav

Среди́ славя́н мно́го музы-
ка́нтов.   There are many
musicians among the Slavs.

слав-я́нский, Slavic

Мы   изуча́ем   славя́нские
языки́.   We are studying
Slavic languages.

сло́в-о, word

За ва́ми после́днее сло́во.
You have the last word.

слов-а́рь, dictionary

Мне ну́жен ру́сско-англи́й-
ский слова́рь.   I need a
Russian-English dictionary.

преди-сло́в-ие, preface

Я уже́ написа́л предисло́вие.
I have already written the
preface.

со-сло́в-ие,   estate,   social
class

Вы како́го сосло́вия?   To
what social class do you
belong?   (What is your
social status?)

благо-слов-ля́ть, to bless, to
give one's blessings

Благослови́те меня́, ба́тюш-
ка! Bless me, father!

слу-х, rumour, report, hearing, ear, news, talk

Хо́дят слу́хи о госуда́р-
ственном переворо́те. There
are rumours about the
overthrow of the govern-
ment.

в-слу-х, aloud

Чита́йте всегда́ вслух. Always read aloud.

слу́-шать, to hear, listen,
   heed

Я слу́шаю вас со внима́нием.
I always pay attention to
what you say. (I always
heed you.)

по-слу́-шный, obedient

Он послу́шный ма́льчик. He
is an obedient boy.

слы-ть, to be reputed, to be
   considered

У нас он слывёт у́мником.
Among us he has a repu-
tation for being clever.

слы́-шать, to hear

Я сама́ слы́шала э́то. I heard
this myself.

СЛАД-, SWEET

слад-кий, sweet, dessert

Мать гото́вит сла́дкое блю́до.
The mother is making a
dessert.

слас-ти, sweets, sweetmeats

Де́вочка лю́бит сла́сти. The
little girl likes sweets.

на-слажд-е́ние, pleasure, de-
   light, enjoyment

Я получи́л большо́е насла-
жде́ние от ва́шего пе́ния.
Your singing gave me great
pleasure.

СЛЕД-, (СЛѢД)-, TRACK, TRAIL, FOLLOW,
INHERIT

след, trail, track

Наконе́ц мы напа́ли на след.
At last we found the track.

след-и́ть, to watch, follow

Я слежу́ за полити́ческими
собы́тиями. I follow politi-
cal events.

след-ователь, examining magistrate, coroner, examining judge

Дело передано следователю. The case was handed over to the examining judge.

на-след-ник, heir

Наследнику оставили большое состояние. They left a large estate to the heir.

по-след-ствие, consequence, result

Думали-ли вы о последствиях? Have you thought of the consequences?

СЛУГ-, SERVE

слуг-а, servant

Слуга отворил дверь. The servant opened the door.

служ-анка, maid

Служанка принесла газеты. The maid brought the newspapers.

служ-ба, employment, work

Я иду на службу. I am going to work.

служ-ить, to work, to be employed

Он служит в конторе. He is employed at the office.

за-слуг-а, merit

Она получила по заслугам. She got what she deserved. (She received according to her merits.)

СМЕ-, (СМѢ)-, LAUGH

сме-х, laughter, laugh

Смех сквозь слёзы. Laughter through tears.

сме-яться, to laugh

Перестаньте смеяться. Stop laughing!

сме-шить, to make one laugh

Вы всегда смешите меня. You always make me laugh.

на-сме-шка, ridicule, mockery

Это не статья, а просто насмешка. This is not an article, it is a sheer mockery.

COX-, CYX-, CЫX-, DRY

сóх-нуть, to dry, get dry, parch	От лихорáдки сóхнут гýбы. The lips are parched with fever.
сух-óй, dry, clear	Стоя́ла сухáя óсень. We had a dry autumn.
сýш-а, land	С корабля́ увúдели сýшу. The land was seen from the boat.
суш-úть, to dry	Онá сýшит вóлосы. She is drying her hair.
вы-сых-áть, to get dry	Лéтом нáше болóто высыхáет. In summer our marsh dries up.

СП-, СОН-, СН-, SLEEP

сп-ать, to sleep, take a nap	Спúте-ли вы днём? Do you sleep (take a nap) in the day-time?
сп-áльня, bedroom	В спáльне две кровáти. There are two beds in the bedroom.
сон, sleep, dream	Меня́ клóнит ко снý. I am sleepy.
сóн-ный, sleepy	Кругóм бы́ло сóнное цáрство. A sleepy kingdom was round about.
бес-сóн-ница, insomnia	Я страдáю бессóнницей. I suffer from insomnia.
за-сн-ýть, to fall asleep	Несмотря́ на шум дéти заснýли. In spite of the noise the children fell asleep.
сн-úться, to dream	Мне снúлся чýдный сон. I had a wonderful dream.

СПЕХ-, (СПѢХ)-, HURRY, SPEED

спех, hurry, haste

Это де́ло не к спе́ху. There is no hurry.

спеш-и́ть, to be in a hurry, to rush

Куда́ вы спеши́те? Where are you rushing to?

у-спе́х, success

Ле́кция прошла́ с успе́хом. The lecture was successful.

до-спе́х-и, armour, belongings

Он забра́л свой доспе́хи. He took all his belongings.

СТА-, СТОЙ-, СТОЯ-, STAND, BECOME

ста-ть, to become, begin, start

Он стал пить. He started to drink. He began to drink. (He took to drinking.)

в-ста-ва́ть,
в-ста-ть, } to get up

Я встаю́ в шесть часо́в утра́. I get up at six o'clock in the morning.

вы́-ста-вка, exhibit

Э́та карти́на ку́плена на вы́ставке. This picture was bought at an exhibit.

за-ста́-ва, gate, barrier

На окра́ине деревя́нная заста́ва. There is a wooden gate on the outskirts (of the town).

на-ста́-вник, tutor

Де́тям необходи́м наста́вник. The children need a tutor.

недо-ста́-ток, fault, shortcoming

У него́ мно́го недоста́тков. He has many shortcomings.

при́-ста-нь, landing, wharf, pier

Парохо́д стои́т у при́стани. The steamer is at the pier.

ста-но́к, lathe

Он рабо́тает на тока́рном станке́. He works on a turning-lathe.

ста-нови́ться, to become

Стано́вится темно́. It is becoming (getting) dark.

со-ста́-в, composition, personnel, body, staff

Министе́рство бы́ло в по́лном составе. The ministry was present in a body.

пред-ста-вле́ние, idea, notion, performance, presentation

Я не име́л представле́ния об э́том. I had no idea about it.

сто́и-ть, to cost, to be worth

Ско́лько сто́ит э́та шля́па? How much is this hat?

сто́й-ка, counter, bar

Прика́зчик стоя́л за сто́йкой. The salesman stood at the counter.

сто́й-кий, sturdy, firm, persevering

У него́ сто́йкий хара́ктер. His is a firm character.

стоя́-ть, to stand, stay

Все стоя́ли как вко́панные. They all stood as if rooted to the spot.

на-стоя́-щий, real

Э́то настоя́щий же́мчуг. This is a real pearl.

со-стоя́-ние, fortune, means, condition

У неё большо́е состоя́ние. She has a great fortune.

СТЕРЕГ-, СТОРОЖ-, СТРОГ-, WATCH, STERN

стере́ч-ь (стерег-ть), to watch, guard, take care

Де́ти стерегу́т лошаде́й. The children are watching the horses.

о-стерег-а́ться, to beware, to be on guard

Остерега́йтесь карма́нщиков. Beware of the pickpockets.

сто́рож, watchman

Сто́рож стои́т у воро́т. The watchman is standing at the gate.

сторож-и́ть, to watch, guard

Соба́ка сторожи́т дом. The dog is guarding (watching) the house.

стро́г-ий, stern, strict

Мой дя́дя о́чень строг. My uncle is very strict.

о-стро́г, prison	Он просиде́л в остро́ге два го́да. He was in the prison two years.
о-сторо́ж-ныл, cautious, careful	Осторо́жней, а то споткнё́тесь! Careful, or you will stumble!

СТРАД-, SUFFER

страд-а́ть, to suffer	Я страда́ю зубно́й бо́лью. I have (suffer from) a toothache.
страд-а́ние, suffering, pain, distress	Её сын причини́л ей мно́го страда́ний. Her son caused her much suffering.
со-страд-а́ние, compassion, pity, sympathy	Это несча́стье вы́звало всео́бщее сострада́ние. This misfortune roused general sympathy.
страс-ть, passion	Страсть ослепля́ет люде́й. Passion blinds people.
при-стра́с-тие, bias, prejudice	Отве́чу вам без пристра́стия. I shall answer you without a bias.

СТРАХ-, FEAR

страх, fear, fright	От стра́ха у меня́ сжа́лось се́рдце. My heart shuddered from fright.
за-страх-ова́ть, to insure	Они́ застрахова́ли своё иму́щество. They insured their property.
стра́ш-ный, frightful, terrible	Разрази́лся стра́шный уда́р гро́ма. There was a terrible crash of thunder.

СТРЕМ-, BOUND FOR, ASPIRE

стрем-и́ться, to aspire, long, crave	К чему́ вы стреми́тесь? To what are you aspiring?
стрем-ле́ние, aspiration, inclination, tendency	У него́ дурны́е стремле́ния. He has bad inclinations.
стрём-я, stirrup	Стре́мя оторва́лось. The stirrup is torn off.
стрем-гла́в, headlong	Она́ бро́силась стремгла́в к две́ри. She rushed headlong to the door.
у-стрем-ля́ть, ⎫ to direct, turn, fix у-стрем-и́ть, ⎭	Он устреми́л свой взор на мо́ре. He turned his gaze to the sea.

СТУД-, СТЫД-, CHILL, SHAME

студ-ёный, chill, cold	В коло́дце студёная вода́. The water is cold in the well.
про-сту́д-а, chill, cold	У меня́ си́льная просту́да. I have a bad cold.
сту́ж-а, cold, frost	На дворе́ сту́жа. It is cold (frost) out.
стыд, shame, disgrace	Э́то про́сто стыд и срам! (For shame.) This is simply a disgrace!
стыд-и́ться, to be ashamed	Он стыди́лся показа́ться на глаза́. He was ashamed to come.
сты́-нуть (стыд-нуть), to grow cold	Чай сты́нет. The tea is getting cold.

СТУК-, KNOCK

стук, knock, rap	Разда́лся стук в дверь. There was a knock at the door.

сту́к-нуть, to knock, rap, pound, bang

Хозя́ин сту́кнул кулако́м по столу́. The master banged his fist on the table.

стуч-а́ть, to knock, hammer, pound

Ти́ше, не стучи́те! Quiet, don't make a noise!

СУД-, JUDGE

суд, court, justice

На него́ по́дали в суд. Proceedings were started against him.

суд-ья́, judge

Судья́ его́ оправда́л. The judge acquitted him.

суд-и́ть, to judge, criticize

Не суди́те так стро́го. Don't criticize so severely.

суд-ь-ба́, destiny, lot

Такова́ моя́ судьба́! Such is my lot.

об-сужд-а́ть, to discuss, consider

Они́ до́лго обсужда́ли э́тот вопро́с. They discussed this matter for a long time.

рас-су́д-ок, reason, mind

Она́ потеря́ла рассу́док. She lost her mind.

Т

ТА-, SECRET

та-и́ть, to conceal, hide, bear

Вы таи́ли зло́бу про́тив неё. You bore malice against her. (You had a grudge against her.)

та-йко́м, secretly

Он забра́лся сюда́ тайко́м. He came in secretly.

та́-йна, secret, mystery

Я сохраню́ та́йну. I shall keep the secret.

ТВАР-, ТВОР-, CREATE

твар-ь, creature

Бо́жья тварь. God's creature.

твор-е́ц, creator, author | Подража́телей мно́го, а творцо́в ма́ло. There are many imitators, but few creators.

твор-и́ть, to create | Вы твори́те чудеса́. You do wonders. (You work miracles.)

тво́р-чество, creation, genius | Это тво́рчество знамени́того писа́теля. This is the work of a well-known writer.

при-тво́р-ный, hypocritical, pretending | На её лице́ притво́рная улы́бка. A hypocritical smile plays on her face.

ТВЕРД-, HARD, FIRM

тверд-е́ть, to become hard, harden | От хо́лода по́чва твердеет. The ground hardens from cold.

твёрд-ый, hard | Грани́т твёрдый ка́мень. Granite is a hard stone.

вы́-тверд-ить, to have by heart, master | Он уже́ вы́твердил уро́к. He already has his lesson by heart.

у-твержд-а́ть, to maintain, affirm | Я утвержда́ю что это так. I maintain that it is so.

ТЕК-, ТОК-, FLOW, CURRENT

течь (тек-ть), to flow, run, stream, leak | Из кра́на течёт вода́. Water runs from the faucet.

теч-е́ние, course, current | Всё ула́дится с тече́нием вре́мени. In the course of time everything will come out all right.

ис-тек-а́ть, to elapse, expire, bleed | Ра́неный истека́ет кро́вью. The wounded man is bleeding.

ток, current, charge, stream, threshing

Он бы: убит электрическим током. He was killed by an electric current.

вос-ток, east

Мы уезжаем на восток. We are going east.

ис-ток, source

Исток Волги мелководен. The source (beginning) of the Volga river is shallow.

ис-точ-ник, source, spring, origin, authority

Это самый верный источник. This is the best source (authority).

по-ток, stream, torrent

Шумит горный поток. The mountain torrent roars.

ТОК-, LATHE, TURN, SHARP

ток-арный, turner's, worked on a lathe

В нашей деревне занимаются токарным ремеслом. In our village they have taken up the turner's trade.

точ-ить, to sharpen, whet, grind

Точильщик точит ножи. The grinder sharpens the knives.

ТЕМ-, ТМ-, ТЬМ-, DARK

тем-неть, to become dark

Уже темнеет, пора домой. It is getting dark, it's time to go home.

тем-нота, darkness

В такой темноте можно ногу сломать. In this darkness one can break a leg.

тём-ный, dark, shady

У него тёмное прошлое. He has a dark past.

тьм-а, darkness

Там царит тьма невежества. The darkness of ignorance reigns there.

за-тм-ить, to eclipse, shade

Он затмил всех своим умом. His wit eclipsed everyone.

за-тм-éние, eclipse	Зáвтра затмéние сóлнца. The eclipse (of the sun) is tomorrow.
в-по-тьм-áх, in the dark	Мы просидéли впотьмáх цéлый час. We stayed in the dark for a whole hour.
по-тём-ки, dark, darkness	Они выехали потёмками. They went off while it was dark.

ТЕП-, ТОП-, WARM

тёп-лый, warm	Вчерá был тёплый день. It was a warm day yesterday.
теп-литься, to burn, shine	В душé её теплился идеализм. Idealism was burning in her soul.
теп-лотá, warmth, heat	Держите это растéние в кóмнатной теплотé. Keep this plant at room temperature.
топ-ить, to heat, put fuel	Он тóпит пéчку. He is heating the stove.
тóп-ливо, fuel	У нас нет тóплива. We have no fuel.
о-топ-лéние, heat, heating	В этом здáнии паровóе отоплéние. In this building there is steam heat.

ТЕР-, ТИР-, ТР-, RUB

тер-éть, to rub, chafe	Воротник трёт мне шéю. The collar chafes my neck.
тёр-ка, grater	Отнесите тёрку на кýхню. Take the grater to the kitchen.

в-тир-а́ться, to insinuate, rub in, ingratiate	Он втира́ется в ва́ше дове́рие. He is ingratiating himself to win yóur confidence.
с-ти́р-ка, wash, laundry	По понеде́льникам у нас сти́рка. On Mondays we do our laundry.
тр-е́ние, rubbing, friction	Маши́на тепе́рь рабо́тает без тре́ния. The machine works now without friction. (The machine runs smoothly now.)

ТЕРП-, SUFFER

терп-е́ть, to suffer, bear, endure, tolerate	Они́ те́рпят нужду́. They suffer from want.
терп-е́ние, patience	Я потеря́л вся́кое терпе́ние. I have completely lost my patience.
те́рп-кий, tart, sharp, sour	Э́то сли́шком те́рпкое вино́. This wine is too sour.

ТЕС-, (ТѢС)-, ТИС-, CROWD

те́с-ный, tight, close, intimate	Их свя́зывала те́сная дру́жба. Intimate friendship bound them together.
при-тес-ня́ть, to oppress, persecute	Прави́тельство их вся́чески притесня́ет. The government persecutes them in every way.
с-тес-не́ние, constraint, embarrassment	Расскажи́те мне всё без стесне́ния. Tell me everything (and) don't feel embarrassed.
ти́с-кать, to squeeze, cram, to be pushed	Меня́ ти́скали в толпе́. I was pushed in the crowd.
с-ти́с-нуть, to squeeze, clench, set	От бо́ли он сти́снул зу́бы. He clenched his teeth with pain.

ТИХ-, ТЕХ-, (ТѢХ)-, QUIET, AMUSE

тих-ий, calm, quiet	Какая тихая ночь. What a calm night!
тиш-ина, stillness, quiet, tranquility	Здесь прохлада и тишина. It is cool and calm here.
ис-под-тиш-ка, stealthily, in an underhand way, on the sly	У них всё делается исподтишка. They do everything on the sly.
по-тех-а, fun, amusement	Вот потеха! What fun! (How amusing!)
теш-ить, to console, rejoice, amuse, please	Он тешит себя напрасной надеждой. He consoles himself with an empty hope.
у-тех-а, pleasure, solace, comfort, joy	Мне не до утех. I have no time for pleasure.
у-теш-ить, to console	Дочь утешила мать. The daughter has consoled her mother.
по-теш-ный, amusing, ridiculous, funny	У мальчика потешный вид. The boy looks funny.

ТК-, ТОЧ-, WEAVE, POINT

тк-ать, to weave	Бабы ткут полотно. The peasant women are weaving the linen.
тк-ач, weave	Читали-ли вы пьесу "Ткачи"? Have you read the play "The Weavers"?
тк-ацкий, weaving	На ткацкой фабрике выделывают тонкую ткань. At the weaving mill fine fabrics are made.
точ-ка, point, dot, stop, view, aspect	Я не согласен с вашей точкой зрения. I don't agree with your point of view.

тóч-ность, exactness, accuracy

Он сомневáется в тóчности перевóда. He doubts the accuracy of the translation.

тóч-ный, precise, exact

Это егó тóчные словá. These are his exact words.

точ-ь, exactly

Он точь в точь в отцá. He is exactly like his father.

ТЛ-, SPOIL, DECAY, SMOULDER

тл-еть, to decay, smoulder

Жар тлéет под пéплом. The fire smoulders under the ashes.

тл-ен, decay, dust

Всё на землé тлен. Everything on earth is dust.

ТОВАР-, GOODS, COMPANY

товáр, merchandise, goods

Товáр ужé полýчен. The merchandise has already arrived.

товáр-ищ, comrade

Товáрищ Петрóв вошёл в зал. Comrade Petrov entered the hall.

товáр-ный, freight, goods

Товáрный пóезд опоздáл на час. The freight train was an hour late.

ТОЛК-, EXPLAIN, PUSH

толк, meaning, sense, understanding

Он знáет толк в мýзыке. He is a good judge of music.

толк-овáть, to talk, comment, explain

Довóльно толковáть о пустякáх. Stop talking about trifles.

толк-óвый, sensible, bright

Вáня толкóвый мáлый. Vanya is a bright youngster.

толк-а́ть, ⎫ to push, jostle,
толк-ну́ть, ⎭ nudge

Я толкну́л его́ локтём.   I
nudged him.

толк-отня́,   crush,   crowd,
jostling, bustle

Что там за толкотня́?   What
is   that   bustling   crowd
there?

толк-у́чка, rag-fair

На толку́чке продаю́т ста́рые
ве́щи. At the rag-fair they
sell secondhand things.

ТОП-, SINK

топ-и́ть, to sink, drown

Ми́на то́пит су́дно.   The
torpedo is sinking a ship.

тон-у́ть, to drown

Помоги́те,   челове́к   то́нет!
Help! A man is drowning!

по-то́п, flood, deluge

Они́ говори́ли о всеми́рном
пото́пе. They were talking
about the Flood.

у-то́п-ленник,   body   of   a
drowned man

Волна́ вы́бросила уто́плен-
ника на́ берег.   A wave
brought to the shore the
body of a drowned man.

ТОРГ-, TRADE

торг, trade, auction, auction
sale

Име́ние про́дали с торго́в.
The   estate   was   sold   by
auction.

торг-ова́ть,   to trade,   deal,
sell

Чем вы торгу́ете?   What are
you selling?   What kind
of a trade are you carrying
on?

торг-о́вый, trading, business,
commercial, mercantile

Торго́вый дом бра́тьев Орло́-
вых.   The mercantile com-
pany of the brothers Orlov.

торж-ество́, triumph, victory

Торжество́ доброде́тели над
поро́ком.   Triumph of virtue over vice.

ТРЕСК-, CRACK

треск, crack, crash

Дéрево упáло с трéском. The tree fell with a crash.

трéс-нуть, to crack, burst

Стеклó трéснуло. The glass cracked.

трещ-áть, to creak, crack, rattle

Мáчта трещúт от вéтра. The mast creaks in the wind.

трéщ-ина, crack, split

На стенé большáя трéщина. There is a large crack in the wall.

ТРУД-, LABOR

труд, labor, work

Физúческий труд полéзен. Physical labor is wholesome.

трýд-ный, difficult

Онú не поддержáли егó в трýдную минýту. They failed him when he was in a difficult position (in need).

труд-úться, to work, labor

Онá всю жизнь трудúлась. She has worked hard all her life.

трýж-еник, worker, hard worker

Он чéстный трýженик наýки. He is an honest and hard-working man of learning (scholar).

у-труждá-áть, to trouble, in-convenience

Я не хочý вас утруждáть. I do not want to cause you any trouble.

ТУГ-, ТЯГ-, TIGHT, STIFF

туг-óй, tight, stiff

Он туг на расплáту. He is stingy. (He is slow in paying back.)

на-ту́г-а, strain, effort

Он заболе́л с нату́ги. He fell ill from too much strain.

туж-и́ть, to grieve, regret

Не́чего вам тужи́ть. You must not grieve. (There is nothing for you to regret.)

тя́г-а, draught, pull, current

В печи́ плоха́я тя́га. There is not enough draught in the stove chimney.

тя-ну́ть (тяг-нуть), to draw, drag

Рыбаки́ тя́нут се́ти. The fishermen are dragging the net.

тяж-ёлый, heavy

Я несу́ тяжёлый чемода́н. I am carrying a heavy suitcase.

за-тяж-но́й, slow, lingering

Боле́знь приняла́ затяжно́й хара́ктер. The disease is turning into a lingering malady.

ТУСК-, DIM

ту́ск-лый, dim

Больно́й оки́нул ко́мнату ту́склым взгля́дом. The sick man looked round the room with dimmed eyes.

по-туск-не́ть, to tarnish, grow dim

Серебро́ потускне́ло. The silver is tarnished.

У

УЗ-, TIE, BOND, KNOT

у́з-ел, knot

Заче́м вы завяза́ли у́зел? Why did you tie the knot?

у́з-кий, narrow

Здесь о́чень у́зкий прохо́д. The passage here is very narrow.

у́в-ник, captive, prisoner

Узника повели́ в кре́пость. They took the prisoner to the fortress.

об-у́в-а, burden, load

На него́ навали́ли обу́ву. They heaped a load on him. (They loaded him with work.)

УК-, ЫК-, LEARN

на-у́к-а, science

Мы изуча́ем есте́ственные нау́ки. We are studying natural sciences.

уч-е́бник, textbook

Куда́ вы положи́ли уче́бник? Where did you put the textbook?

уч-е́ние, learning

Уче́ние свет, а неуче́ние тьма. Learning is light and ignorance is darkness.

уч-и́тельница, teacher

Вот на́ша учи́тельница. There is our teacher.

уч-и́ться, to learn, study

Я учу́сь в шко́ле. I go to school. (I study at school.)

на́в-ык, habit, practice, experience

У вас нет на́выка к чёрной рабо́те. You are not used to manual labor.

не́-уч, ignoramus

Како́й неуч! What an ignoramus!

об-ы́ч-ай, custom

Тако́в у них обы́чай. Such is their custom.

об-ы́ч-ный, customary, usual

Это наш обы́чный поря́док. This is our usual arrangement.

об-ык-нове́нный, ordinary, customary, usual

Обыкнове́нно мы обе́даем в шесть часо́в. Usually we dine at six.

прив-ы́ч-ка, habit

Привы́чка — втора́я нату́ра. Habit is (our) second nature.

УМ-, MIND

ум, mind, reason, wit	Ум доро́же де́нег. Mind is dearer than money.
у́м-ный, clever	Она́ у́мная же́нщина. She is a clever woman.
без-у́м-ие, madness	Так поступа́ть — су́щее безу́мие. To act this way is sheer madness.
из-ум-ля́ть, } из-ум-и́ть, } to surprise, amaze	Ваш посту́пок меня́ изумля́ет. Your conduct surprises me
раз-у́м-ный, sensible	Э́то разу́мный план. This is a sensible plan (project).
ум-е́ть, to be able	Уме́ете-ли вы писа́ть? Can you write?

X

ХВАТ-, ХИТ-, GRASP, SEIZE

хват-а́ть, to grasp	Ма́льчик хвата́ет мяч. The boy grasps the ball.
хват-и́ть, to suffice, be sufficient	У меня́ не хвати́ло де́нег на пое́здку. I did not have sufficient money for the trip.
за-хва́т, seizure, seizing	Рабо́чие ду́мали о захва́те вла́сти. The workmen thought of seizing the power.
с-хва́т-ка, scuffle, skirmish	Ме́жду ни́ми была́ схва́тка. There was a scuffle among them.
по-хит-и́ть, to steal, kidnap	У э́тих люде́й похити́ли ребёнка. The child of these people was kidnapped.

по-хищ-éние, theft, abduction, kidnapping

Об э́том похище́нии писа́ли в газе́тах. This kidnapping was written about in the newspapers.

хи́щ-ный, predatory, rapacious

Тигр хи́щное живо́тное. The tiger is a rapacious animal.

вос-хищ-а́ться, to admire, to be delighted

Мы восхища́лись её игро́й. We admired her playing.

ХЛАД-, ХОЛОД-, COLD

о-хлад-и́ть, to cool

Неуда́чи охлади́ли его́ пыл. Failures have cooled his ardor (enthusiasm).

о-хлажд-éние, coolness

Ме́жду ни́ми произошло́ охлажде́ние. A coolness sprang up between them.

про-хла́д-ный, cool

В ко́мнате прохла́дно. It is cool in the room.

хо́лод, cold

Стоя́т холода́. We are having cold weather (a cold spell).

холо́д-ный, cold

Да́йте мне холо́дного молока́. Let me have some cold milk.

ХОД-, ШЕД-, GO

ход, course, march, speed, movement, progress

Ему́ не даю́т хо́ду. They hamper his progress. (He does not get on.)

ход-и́ть, to go

Я ча́сто хожу́ в теа́тр. I often go to the theatre.

вос-хо́д, sunrise

Ле́том мы встаём с восхо́дом со́лнца. In summer we get up at sunrise.

вы́-ход-ка, trick, prank, quirk

Каки́е у него́ стра́нные вы́ходки. He has such odd quirks.

при-хо́д, arrival, coming

Мы ждём прихо́да по́езда. We are waiting for the arrival of the train.

проис-ход-и́ть, to take place, happen, go on

Что там происхо́дит? What is going on there?

рас-хо́д, expense, expenditure

У нас больши́е расхо́ды. Our expenses are great.

с-хо́д-ка, meeting

Была́ шу́мная схо́дка. There was a noisy meeting.

у-ход-и́ть, to go away, leave

Я ухожу́, до свида́ния! I am leaving; good-by!

про-шёд-ший, past

Он распла́чивается за всё проше́дшее. He is paying for the past.

на-шес-твие, invasion

Чита́ли-ли вы о наше́ствии тата́р? Did you read about the Tartar invasion?

путе-шес-твие, travel, trip, journey

Это путеше́ствие меня́ утоми́ло. This trip has tired me.

ХРАН-, ХОРОН-, HIDE, BURY

хран-и́ть, to hide, keep

Она́ уме́ет храни́ть та́йну. She knows how to keep a secret.

пред-о-хран-е́ние, prevention, protection

Вот сре́дство для предохра-не́ния от просту́ды. Here is a remedy to prevent a cold.

хорон-и́ть, to bury

Вчера́ хорони́ли самоуби́йцу. Yesterday they buried a suicide.

по́-хорон-ы, funeral

Я не пошёл на по́хороны. I did not go to the funeral.

Ц

ЦВЕТ-, (ЦВѢТ)-, COLOR, FLOWER

цвет, color

Какого цвета ваше новое пальто? What color is your new coat?

цвет-óк, flower

Она сорвала цветок. She picked a flower.

цвет-очный, flower, flowery, blossom

Дайте мне фунт цветочного чаю. Let me have a pound of jasmin tea.

цве-сти, to bloom, flower

Сирень цветёт ранней весной. The lilac blooms early in spring.

про-цвет-áть, to thrive

Дела наши процветают. Our affairs are thriving. (Our business is thriving.)

ЦЕЛ-, (ЦѢЛ)-, WHOLE

цéл-ый, whole, entire

Они работают по целым дням. They work all day long.

цел-овáть, to kiss

Войска шли целовать крест. The troops went to kiss the cross. (The troops went to swear allegiance.)

по-цел-ýй, kiss

Первый поцелуй весны. The first kiss of springtime.

ис-цел-ить, to cure, heal

Минеральные воды его исцелили. The mineral waters have cured him.

ЦЕН-, (ЦѢН)-, WORTH, VALUE

цен-á, price, value, cost

Вещи проданы по высокой цене. The things were sold at a high price.

цен-и́ть, to value — Я ценю́ ва́шу дру́жбу. I value your friendship.

драго-це́н-ный, precious — Зо́лото драгоце́нный мета́лл. Gold is a precious metal.

о-це́н-ка, evaluation, estimate — Его́ оце́нка сли́шком низка́. His estimate is too low.

Ч

ЧА-, EXPECT, HOPE

ча́-ять, to expect, hope — Не ча́ял я тако́й встре́чи. I did not expect such a meeting.

не-ча́-янный, unexpected, in-advertent — Он неча́янно разби́л ва́зу. Inadvertently he broke the vase.

от-ча́-яние, despair, des-pondency — Нельзя́ впада́ть в тако́е отча́яние. You must not let yourself get so desperate.

ЧА-, ЧН-, ЧИН-, START, BEGIN

на-чин-а́ть,⎫
⎬ to begin, start
на-ча́-ть, ⎭ — Мы начина́ем рабо́тать в во́семь часо́в утра́. We begin our work at eight o'clock in the morning.

Я на́чал писа́ть письмо́. I have started to write a letter.

на-ча́-льник, head, chief — Нача́льник прие́дет в де́вять. The chief will come at nine.

на-чн-ёте, you will begin — Вы ско́ро начнёте говори́ть по-ру́сски. You will soon begin to speak Russian.

ЧАСТ-, PART, LOT

част-ь, part, portion	Они получи́ли то́лько часть насле́дства. They got only a portion of the inheritance.
ча́ст-ный, private	Он про́тив ча́стной со́бствен-ности. He is against private property.
с-ча́ст-ье, luck, happiness	Э́то ва́ше сча́стье! This is your luck! (It is your luck!)
со-у-ча́ст-ие, participation	Он заподо́зрен в соуча́стии в уби́йстве. They sus-pected his participation in the murder.
у́-част-ь, lot, destiny	Её пости́гла го́рькая у́часть. A sad lot has befallen her.

ЧЕР-, BLACK

чер-не́ть, to look black	Что́-то черне́ло вдали́. There was something black in the distance.
чёр-ный, black	Где мой чёрный каранда́ш? Where is my black pencil?
чер-н-и́ла, ink	Вот кра́сные черни́ла. Here is the red ink.
чер-н-и́ть, to blackmail, slander	Не черни́те меня́ напра́сно. Don't slander me for no cause.
чер-но-ви́к, draft	Черновик отослан реда́ктору. The draft is sent to the editor.

ЧЕР(К)-, SCRIBBLE

чёр-к-ать, чер-к-нуть, } to scribble, jot down, write

Что вы там чёркаете? What are you scribbling there?

Черкните мне несколько слов. Write (scribble) me a few words.

за-чёр-к-ивать, to cross, cross out

Учитель зачёркивает ошибки. The teacher crosses out the mistakes.

о́-чер-к, essay

Ваш о́черк мне понра́вился. I liked your essay.

по́-чер-к, handwriting

У неё неразбо́рчивый по́черк. She has a poor handwriting.

ЧЕР(Т)-, DRAW

черт-а́, line, trait

Они́ жи́ли на пограни́чной черте́. They lived at the frontier. (They lived on the border line.)

черт-ёж, plan, sketch, draft, table

В кни́ге мно́го чертежей. There are many drafts (tables) in the book.

черт-и́ть, to draw, trace, sketch

Инжене́р че́ртит план. The engineer is drawing a map.

чер-ч-е́ние, drawing, draft

Он. занима́ется черче́нием. He is making a draft.

ЧИН-, RANK, CAUSE

чин, rank

Ему́ да́ли но́вый чин. They promoted him to a new rank.

чин-о́в-ник, official, clerk

В кабине́т вошёл чино́вник. An official walked into the office.

чин-и́ть, to cause | Никому́ я зла не чини́л. I have not done harm to anyone.

за-чи́н-щик, instigator | Он был среди́ зачи́нщиков. He was among the instigators.

под-чин-е́ние, subjection, subordination | Генера́л держа́л во́йско в подчине́нии. The general kept the troops in subordination.

при-чи́на, cause | Всему́ своя́ причи́на. Everything has its own cause.

со-чин-е́ние, composition, essay | За́втра мне на́до пода́ть сочине́ние. Tomorrow I must hand in the essay.

ЧИСТ-, CLEAN

чи́ст-ый, clean | На столе́ чи́стая ска́терть. There is a clean cloth on the table.

чи́ст-ить, to clean, polish | Сапо́жник чи́стит боти́нки. The shoemaker is polishing the shoes.

чист-ота́, cleanliness, neatness | Кака́я у них чистота́! How neat they are! (How clean it is in their house!)

рас-чищ-а́ть, to clear away | Садо́вник расчища́ет доро́жку са́да. The gardener clears the path in the garden.

ЧТ-, ЧИТ-, ЧЕТ-, READ, COUNT

чт-е́ние, reading | Я провожу́ вечера́ за чте́нием. I spend my evenings reading.

по-чт-е́ние, respect, esteem, honor | Мое почте́ние! My compliments! (My respects!)

чт-ить, to respect, esteem	Дети чтут своих родителей. The children respect their parents.
чит-ать, to read	Читайте дальше пожалуйста! Read farther, please!
вы-чит-ание, deduction, subtraction	Мой брат проходит вычитание. My brother is learning subtraction.
чет-а, match, equal	Он вам не чета. He is no match for you.
по-чёт, honor, respect	Писателя проводили с почётом. The writer was honored with a farewell party.
с-чёт, account, bill	Принесите счёт. Bring the bill.

ЧУ-, FEEL

чу́-в-ство, feeling, sense, sensation	Им овладело чувство жалости. Pity overcame him.
по-чу́-в-ствовать, to feel	Я почувствовал себя дурно. I felt dizzy.
чу́-т-кий, sensitive	Она чуткий человек. She is sensitive.
пред-чу́-в-ствие, premonition	Предчувствие меня не обмануло. The premonition did not deceive me.
со-чу́-в-ствие, sympathy, compassion	Он выслушал её с сочувствием. He listened to her with sympathy. (He heard her out with sympathy.)

ЧУД-, ЧУЖ-, WONDER, STRANGE

чу́д-о, wonder	Много чудес на свете. There are many wonders in the world.

чуд-а́к, queer fellow	Како́й вы чуда́к! What a queer person (fellow) you are!
чуд-е́сный, wonderful	Вчера́ была́ чуде́сная пого́да. Yesterday the weather was wonderful.
чуд-о́вище, monster	Мно́го говори́ли о морско́м чудо́вище. There were many talks about the sea monster.
чуж-о́й, strange, stranger	Како́й-то чужо́й челове́к пришёл. A stranger came.
чуж-д-а́ться, to shun	Он всех чужда́ется. He shuns everybody.
чуж-би́на, foreign country	Нам пришло́сь жить на чужби́не. We had to live in a foreign country.
чуж-е-зе́мец, alien, foreigner	Он счита́ет себя́ чужезе́мцем. He regards himself as an alien.

Ш

ШЕД-, SEE: ХОД-

ШИБ-, HIT, MISS

о-ши́б-ка, mistake, error	Вы сде́лали мно́го оши́бок. You have made many errors.
о-шиб-а́ться, } to err, to be mistaken о-шиб-и́ться,	Не ошиба́етесь-ли вы? Are you not mistaken? Да, я оши́бся. Yes, I am mistaken. (I am wrong.)
о-ши́б-очный, erroneous, mistaken	Э́то оши́бочное мне́ние. It is a mistaken opinion.
у-ши́б-и́ть, to hit, hurt	Я уши́бла но́гу. I have hurt my foot.

Щ

ЩАД-, ЩЕД-, MERCY, SPARE. GENEROUS

щад-и́ть, to spare, have mercy	Она́ щади́т его́ самолю́бие. She spares his ambition.
по-ща́д-а, mercy, pardon	Ему́ нет пощады. There is no pardon for him.
бес-по-ща́д-ный, unmerciful, cruel	Всех беспоща́дно поби́ли. They were all cruelly beaten.
щéд-рый, generous	Он раздава́л де́ньги ще́дрой руко́й. He gave the money away with a generous hand.
щéд-рость, generosity	Его́ ще́дрость меня́ глубоко́. тро́нула. His generosity deeply touched me.

ЩИТ-, PROTECT, SHIELD

щит, shield	На стене́ виси́т стари́нный щит. An ancient shield hangs on the wall.
за-щи́т-а, protection	Я обраща́юсь к ва́шей защи́те. I apply to you for protection.
за-щи́т-ник, lawyer, counsel for the defense	Защи́тник вы́ступил с ре́чью. The lawyer came out with a speech.
за-щищ-а́ть to defend	Почему́ вы всегда́ его́ защища́ете. Why do you defend him always?

Я

Я-, SEE: ЕМ-, ИМ-

ЯВ-, APPEAR

яв-ля́ться, } to appear, come
яв-и́ться,

У меня́ яви́лась мысль по-
éхать заграни́цу. I thought
of going abroad.

яв-ле́ние, appearance, phenomenon

Коме́та — ре́дкое явле́ние
приро́ды. The comet is a
rare phenomenon.

я́в-ный, obvious, evident

Это я́вная ложь. This is an
obvious lie.

за-яв-ле́ние, statement, depo-
sition, declaration

Вам на́до пода́ть заявле́ние.
You must file a statement.

об'-яв-ле́ние, advertisement

Помести́те об'явле́ние в га-
зе́те. Place an advertisement in the newspaper.

ЯС-, CLEAR

яс-не́ть, to become clear,
clear up

Гроза́ прохо́дит, уже́ясне́ет.
The storm is passing, it is
already clearing.

я́с-ный, clear, bright

Настаёт я́сный день. The
bright (clear) day is be-
ginning.

вы́-яс-нить, to ascertain, find
out

Нам необходи́мо вы́яснить в
чём тут затрудне́ние. We
must find out what is the
difficulty.

об'-яс-не́ние, explanation

Она́ мо́лча вы́слушала моё
об'ясне́ние. She silently
listened to my explanation.

про-яс-ня́ться, to clear up

Пого́да проясня́ется. The
weather is clearing up.

EXERCISES FOR PRACTICE

1

Form two derivatives with each of the following roots and use them in original sentences—

Вид; дом; лес; лист; мир; род; сад; труд; ум; хо́лод.

2

Resolve into their elements the following words, naming each root and the prefixes and suffixes in combination with it—

Вопро́с; высота́; выступа́ть; глубина́; держа́ть; заме-сти́тель; кра́сный; ме́стность; отнести́; признаёт; благоро́дство; рожде́ние; ра́доваться; обще́ственный; собира́ть; вы́борный; собо́р; по́дданство; ре́зкость; избра́ние; разбира́тельство.

3

Underline the prefixes and suffixes in the following words—
Ка́менщик рабо́тал с утра́ до ве́чера. Перево́дчик перевёл ве́рно, а перепи́счик наде́лал мно́го оши́бок. Набо́рщик око́нчил свою́ рабо́ту. Лётчики спасли́ матро́сов. На стро́йке рабо́тают пло́тники, печники́ и стеко́льщики. Кто принёс газе́ту? Мой прия́тель занёс кни́гу. Отнеси́те э́то домо́й. Тут вход, а там вы́ход. Посмотри́те на захо́д со́лнца. Перехо́д че́рез го́ры был тру́ден. Не подходи́те к нему́. Подпиши́тесь, пожа́луйста. Закрича́ть; занести́; записа́ть.

4

Form new words with the prefixes in parentheses—

игра́ть (раз-); изве́стный (без-); иска́ть (от-); иду́ (пред-); интере́сный (без-). На́до иска́ть (под-) но́вые приме́ры. В э́той рабо́те мо́жно отме́тить ряд интере́сных (не-, без-) улучше́ний. Ва́ши замеча́ния игра́ют (с-) ва́жную роль в на́шем де́ле.

5

Underline the roots in the following words and use each of them in a sentence—

Горá; гóрка; гóрец; гóрный; пригóрок. Горéть; загорéться; вы́гореть; огáрок; пригáр; горя́чий; гóрький; горчи́ца; гóре; грусть; выпи́сывать; преподавáтельница; стекля́нный; рýсский; учи́тельский; дать; издáние; придáное; подáтель; раздáча; распродáжа.

6

Add the prefixes—

(1) раз-, разо-, рас- to the words:
брать; вернýть; вести́; дать; положи́ть; рабóтать; сказáть; смотрéть; считáть; цвет.

(2) без-, бес- to the words:
врéдный; земéльный; конéчный; мятéжный: óбразный; парти́йный; спóрный; чи́сленный.

(3) из-, изо-, ис- to the words:
бежáть; бить; влечь; гнуть; жáрить; ломáть; прáвить; пытáть; рвать; трáтить.

(4) воз-, вос-, вз-, взо-, вс- to the words:
волновáться; дéлать; кли́кнуть; мути́ть; ненави́деть; питáть; пóмнить; приня́ть; станови́ть; ходи́ть.

7

Add the prefix при-, пре-, or пере- to the following words—
бить; бывáть; вози́ть; восходи́ть; говори́ть; дéлать; дýмать; знать; зрéние; имýщество; нести́; образовáние; обретáть; останови́ть; подня́ть; слéдовать; страстный; учи́ть.

8

Form compounds from the following words—

земля́, мéрить; крáсная, áрмия; жизнь, рáдость; дáльний, востóк; прóтив, постáвить; сам, кри́тика; овцá, води́ть; пýля, метáть; путь, шéствие; водá, лáзить; водá, проводи́ть; óчи, ви́деть; пять, лет; три, этáж; вóсемь, лет; три, мéсяц; дéсять, рублéй; свой, врéмя; сам, вари́ть; труд, люби́ть.

Examples: земля́, мéрить: землемéр; крáсная áрмия: красноармéец.

9

Explain the compounds in the following three passages—

Земля́ на Украи́не плодоро́дна, покры́та то́лстым сло́ем чернозёма. Здесь земледе́лие — гла́вное заня́тие жи́телей. Населе́ние Украи́ны занима́ется та́кже пчелово́-дством, скотово́дством, осо́бенно овцево́дством. Украи́на соединена́ железнодоро́жными ли́ниями с черномо́рскими порта́ми.

10

Крот весьма́ трудолюби́вый землеко́п. Свои́ми листообра́зными ла́пами он ро́ет в земле́ о́чень дли́нные хо́ды. Крот живо́тное червоя́дное и насекомоя́дное. Э́тим он прино́сит земледе́льцу и садо́внику по́льзу.

11

Парохо́д идёт с по́мощью па́ра. Парово́з во́зит с по́мощью па́ра. Хлеборо́дный год—э́то год, когда́ хоро́ший урожа́й. Дровосе́ку ну́жен топо́р. Рыболо́в ло́вит ры́бу. Землетрясе́ние разру́шило не́сколько домо́в. Вчера́ произошло́ кораблекруше́ние. У мои́х ро́дственников лесопи́льный заво́д. Говоря́т, что во мно́гих колхо́зах хорошо́ поста́влено животново́дство, куриво́дство, овцево́дство и свиново́дство.

12

Underline the suffixes and the endings in the words of this exercise and the following—

Краснова́тый; чернова́тый; ма́ленький; пи́сьменный; у́стный; ки́слый; речи́стый; у́мный; учи́тельский. Здоро́вье велича́йшее бла́го. Волк злейший враг челове́ка. Морска́я вода́ име́ет иногда́ синева́тый, а иногда́ зелонова́тый цвет. Мы шли по песча́ному бе́регу реки́. Соба́ка верне́йший друг челове́ка.

13

Э́то был один из великоле́пнейших садо́в в све́те. Он занима́л огро́мнейшее простра́нство, и сам садо́вник не знал ему́ конца́. В саду́ росли́ разнообра́знейшие дере́вья. По дере́вьям порха́ли краси́вейшие пти́цы и пе́ли восхити́тельнейшие пе́сни. Но драгоце́ннейшим украше́нием всего́ са́да был солове́й. Он пел так превосхо́дно, что иностра́нцы наро́чно приезжа́ли его́ слу́шать.

14

Give the diminutives of

Дом; голова́; цепь; ме́сто; ча́шка; крыло́; со́лнце; Ве́ра; Лёва; изба́; ко́локол; цвето́к; Со́ня; кни́га; цвет; молото́к; луг; лес; плато́к; го́лос; кусо́к.

Use them in sentences.

15

Form as many derivatives as you can—

Бе́рег; встре́тить; друг; нау́ка; кула́к; во́здух; страх; свет; иска́ть; суди́ть; крича́ть; род.

Use them in sentences.

16

Underline the roots and the prefixes—

Нёс, нёс, да не донёс. Внести́-то внесёт, а как вы́нести? Кто э́то принёс? Мой прия́тель занёс кни́гу. Отнеси́те э́тот паке́т домо́й. Она́ принесла́ слова́рь из библиоте́ки. Ма́льчик поднёс ло́жку ко рту.
Тут вход, а там вы́ход. Наблюда́й восхо́д и захо́д со́лнца. Перехо́д че́рез го́ру был тру́ден. Не подходи́те к ней. Он прихо́дит к ним ка́ждый ве́чер. Сожале́ю, что она́ уже́ ушла́.

17

Underline the prefixes—

Нет пра́вила без исключе́ния. Вся́кий избира́ет дру́га по своему́ нра́ву. Он всё рассказа́л, но не разма́зал. Ма́слом ка́ши не испо́ртишь. От бессо́нницы трудо́м ле́чатся. Бесконе́чная печа́ль его́ меня́ беспоко́ит. Бездо́нную бо́чку не напо́лнишь. У си́льного всегда́ бесси́льный винова́т. Беззу́бому тру́дно разжева́ть сухо́й хлеб. Я истра́тил всё де́ньги. Он си́льно иззя́б. Мы дади́м беспла́тный спекта́кль. Расписа́ние уро́ков разрабо́тано учи́телем.

18

Underline the prefixes and suffixes—

Нали́чность. Дове́рие. На́бережная. Открове́нность. Новорождённый. Расчища́ть. Засвиде́тельствованный. Раста́лкивать. Извеща́емый. Представля́ть. Расто́рженный. Предводи́тельница. Накра́шенный. Неизбе́жность. Приходя́щий. Чита́ющий.

19

Explain the following compounds—

Руководи́тель, морепла́ватель, путеводи́тель, рудоко́п, рыбо
ло́в, землеме́р, мышело́вка, сердцебие́ние, жизнеописа́ние,
небоскрёб, ледохо́д, светлозелёный, белоку́рый, черного-
ло́вый, многолю́дный, подобостра́стный, прошлого́дний,
птицело́в.

Underline the roots in the following passage—

Чу́ден Днепр при ти́хой пого́де, когда́ во́льно и пла́вно
мчит сквовь леса́ и го́ры по́лные во́ды свои́. Ни вашелохнёт,
ни прогреми́т: гляди́шь и не зна́ешь, идёт и́ли не идёт
его́ велича́вая ширина́, и чу́дится, бу́дто весь вы́лит он из
стекла́, и бу́дто голуба́я зерка́льная доро́га, без ме́ры в
ширину́, без конца́ в длину́, ре́ет и вьётся по зелёному
ми́ру. Лю́бо тогда́ и жа́ркому со́лнцу огляде́ться с вышины́
и погрузи́ть лучи́ в хо́лод стекля́нных вод, и прибре́жным
леса́м я́рко отрази́ться в во́дах. Зеленоку́дрые! они́
толпя́тся вме́сте с полевы́ми цвета́ми к во́дам и, накло-
ни́вшись, глядя́т в них и не нагляди́тся, и не налюбу́ются
све́тлым свои́м зра́ком, и усмеха́ются ему́, и приве́тствуют
его́, кивая́ ветвя́ми; в середи́ну же Днепра́ они́ не сме́ют
гля́нуть: никто́, кро́ме со́лнца и голубо́го не́ба, не гляди́т
в него́; ре́дкая пти́ца долети́т до середи́ны Днепра́. Пы́ш-
ный! ему́ нет ра́вной реки́ в ми́ре.
(Гоголь.)

INDEX OF WORDS

INDEX OF ROOTS

www.ingramcontent.com/pod-product-compliance
Lightning Source LLC
Chambersburg PA
CBHW060333100426
42812CB00003B/981